집에서 외식하기

집에서 외식하기

박선희 지음

중앙books

PROLOGUE

처음 쿠킹 클래스를 시작했을 때
　가장 중요하게 생각한 것이 하루만 배우고 마는 요리가 아닌 배운 것을 자주, 그리고 배운 그대로 집에서 할 수 있어야 한다는 것이었습니다.

이 책은 그 실용성을 가장 우선순위에 두고 만들었습니다.
　큰 재주나 빼어난 요리 실력을 갖추지 않았더라도, 근처 슈퍼마켓에서도 쉽게 구할 수 있는 재료를 사용해 집에서도 얼마든지 외식하는 느낌으로 식사를 할 수 있어야 겠다고 말이죠.
　책 속에는 큰돈을 들이지 않아도 작은 아이디어를 덧붙여 특별해질 수 있는 테이블세팅 팁도 함께 넣었습니다.
　매일매일 대단한 식탁을 차릴 수는 없지만 작은 노력으로 우리의 특별한 날들이 더욱 즐거워지지 않을까 하는 바람을 가지면서요.

아무리 멋진 레스토랑도 집밥에 비할 바는 아니지요.
　집밥은 영혼의 양식이 아닌가 생각합니다. 하루하루 가족과 함께 밥을 먹으며 느끼는 일상의 소중함과 집밥의 힘. 특히 정성껏 차린 밥

상은 가족을 응원하는 힘이 되어 줍니다.

저의 쿠킹 클래스에서 보여드렸던 것들을
『집에서 외식하기』를 통해 독자 분들과 공유할 수 있어 너무 감사했는데, 초판이 출간된 지 시간이 꽤 흐른 지금,
　개정판을 출간한다는 소식에 기쁘면서도 한편으로는 '요즘 시대에 맞을까' 하는 걱정이 들기도 했습니다.

하지만 여전히 책 속에서 소개하는 많은 레시피들은
　현재도 저의 쿠킹 클래스에서 많은 사랑을 받고 있고 수강생 분들께서도 손쉽게 맛있는 음식을 즐기고 있다는 응원을 보내주고 계시기 때문에 초판이 출간된 지 6년이 지난 지금 이 책을 처음 보더라도 요즘 즐겨 먹는 요리 메뉴들이라는 생각이 드실 겁니다.

6년 전 처음 이 책이 나왔을 때보다
　인터넷으로 장을 보는 것이 활성화되었고 옛날에는 생소했던 식재료들이 지금은 어디서나 접할 수 있을 정도로 익숙해졌고,

오븐 사용이 부담스러웠던 이전과는 달리 에어프라이어라는 간편한 조리기구로 대체할 수 있는 방법도 생겨서 예전보다 더 손쉽게 활용할 수 있는 레시피들이 많아졌을 거라 생각합니다.

뜻하지 않게 길어지고 있는 집콕 생활로
그 어느 때보다 집밥이 중요해진 요즘, 좋은 선물이 되어 행복한 식탁을 만드실 수 있길 바라며, 내 손으로 직접 차린 밥상으로 더욱 특별해지는 행복한 한 끼가 당신의 평범한 일상을 더욱 빛나게 해주기를 기대해 봅니다.

2020년 무더운 여름 날,

박선희

CONTENTS

PROLOGUE
4

INTRO
요리 전 준비하기

초대 상차림에 필요한 식재료
14

요리와 스타일링이 즐거워지는 도구
16

기본 육수 만들기
18

냅킨 접기
20

네임카드 만들기
22

◈ 가볍게 한 끼, **카페 메뉴**
    캐러멜토스트 28   크로크무슈·크로크마담 30   식빵러스크 32
    솜사탕아포가토 33

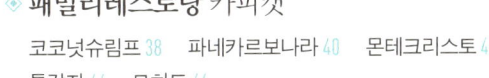

◈ **패밀리레스토랑** 카피캣
    코코넛슈림프 38   파네카르보나라 40   몬테크리스토 42
    통감자 44   모히토 46

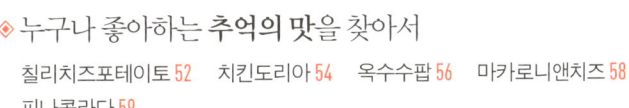

◈ 누구나 좋아하는 **추억의 맛**을 찾아서
    칠리치즈포테이토 52   치킨도리아 54   옥수수팝 56   마카로니앤치즈 58
    피나콜라다 59

◈ 영화 〈**카모메 식당**〉 속 그 요리
    달걀찜 63   돼지고기된장구이 64   고구마크로켓 66   알밥 68

◈ 여유있게 즐기는 **주말 브런치**
    사과양상추샐러드 74   식빵애플파이 76   게살치아바타 78
    골드메달리스트 80   채소와 소시지구이 82   스크램블드에그 84
    프렌치토스트 86

◈ 먹어도 먹어도 질리지 않는 **분식 요리**
    기름떡볶이 92   김말이 94   오징어튀김 96   스팸무수비 98   어묵탕 100

◈ 소박하지만 든든한 **백반 한상**
    꽈리고추멸치볶음 105   마늘종무침 106   감자전 108   제육볶음 110
    콩나물국 112

◈ **퇴근 후 맥주 한 잔! 이자카야 술안주**
  양배추샐러드 118   오코노미야키 120   고기튀김 122
  밤햄튀김 124   부타지루 126

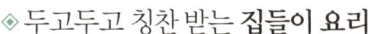

◈ **두고두고 칭찬 받는 집들이 요리**
  새우브로콜리냉채 132   파인애플드레싱샐러드 134   유린기 136
  돼지갈비조림 138   닭볶음탕 140   파볶음밥 142
  마늘·치즈홍합구이 144·146   애플와인잼 147

◈ **특별한 감동 가득, 결혼 후 첫 생일**
  미역국 151   사과배샐러드 152   마늘닭 154   부추잡채 156

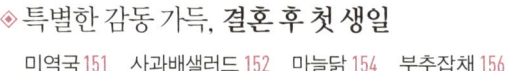

◈ **음식으로 효도하기, 어버이날 상차림**
  연어깻잎쌈 162   청포묵무침 164   녹두전 166   버섯전골 168
  매콤오징어무침 170   밤양갱 172

◈ **생각보다 간단한 이탈리아 요리**
  양파조림 177   부르스케타 178   갬베리핑크파스타 180   치킨커틀릿 182
  고르곤졸라피자 184

◈ **그들의 주말 만찬, 프랑스 가정식 요리**
  시저샐러드 190   포크스테이크 192   감자퓌레 194   오이피클 196
  크림브륄레 198

◈ **로맨스가 필요해! 밸런타인데이 식탁**
  토마토모차렐라샐러드 204   크램차우더팟파이 206
  치킨리소토 208   단호박푸딩 210

10

◆ 소중한 이들과 따뜻하게 **크리스마스 파티**
감자양파수프 216　영계사과샐러드 218　생선커틀릿 220
스시케이크 222　핫다크초콜릿케이크 224

◆ 집에서 편안하게 **엄마들의 모임**
에그포테파스 230　안초비오일파스타 232　카르보나라피자 234
초콜릿타르트 236　커피빙수 238

◆ 맛과 건강을 모두 잡은 **부모님 생신상차림**
구운버섯샐러드 244　소고기찹쌀지짐 246　연어스테이크 248
가지된장구이 250　오이송송이 252　홍시셔벗 253

◆ 우리 아이를 빛내주는 **특별한 생일파티**
마카로니샐러드 258　감자사과샌드위치 260　꼬치주먹밥 262
찹쌀탕수육 264　우유푸딩 266

◆ 바로 만들어 더 맛있는 **중화요리**
만두피컵참치샐러드 272　칠리새우 274　누룽지탕 276　해물볶음우동 278

◆ 우리 엄마 최고! **어린이날 홈 파티**
치킨망고샐러드 284　햄버거 286　감자그라탱 288　초콜릿사브레 290

◆ 취향껏 골라먹는 재미, **뷔페 요리**
오리엔탈드레싱샐러드 296　유자에이드 297　크루통새우 298
마파가지 300　파에야 302　떡잡채 304　과일꼬치 306

일러두기
* 레시피 설명 끝에 '✧✧ TIP' 표시가 있는 경우, 하단의 TIP 박스를 참고해 주세요.
* 오븐을 사용하는 요리 중, 에어프라이어로 대체하여 사용할 수 있는 경우 에어프라이어 온도와 시간을 기재해 두었습니다.

INTRO

초대 상차림에 필요한 식재료

요리와 스타일링이 즐거워지는 도구

기본 육수 만들기

냅킨 접기

네임카드 만들기

01

02

03

04

05

06

07

08

09

10

11

12

초대 상차림에 필요한 식재료

고추장, 된장, 간장 등으로 대부분의 요리가 가능한 한식처럼 서양 요리에도 빠질 수 없는 필수 재료가 있다. 소개한 식재료만 갖추면 집에서도 쉽고 간단하게 외식 메뉴를 만들 수 있다.

01 **그라나 파다노** 수분 함량이 매우 적고 '치즈의 왕'으로 불린다. 보통 치즈 칼이나 강판에 갈아서 사용하는데, 소스는 물론 파스타를 요리할 때 넣으면 감칠맛이 난다. 갈아져 있는 시판용 제품도 있지만, 풍미와 향이 많이 다르니 가능하면 하드한 형태의 그라나 파다노를 구입해 갈아서 쓰도록 한다.

02 **치킨스톡** 닭고기와 채소, 향신료를 끓여 농축한 큐브 형태의 치킨스톡은 서양 요리에 대중적으로 쓰인다. 수프나 리소토 등 닭육수가 필요할 때 사용한다. 보통 물 500ml에 치킨스톡 큐브 1개를 녹여 사용한다. 남은 것은 아이스큐브에 얼려서 활용하자.

03 **안초비** 멸치 머리와 내장을 제거한 뒤 염장한 안초비는 이탈리아 요리에 빠질 수 없는 식재료다. 짭짤하면서도 고소한 맛이 나 샐러드, 파스타, 피자 등을 만들 때 다양하게 사용된다.

04 **화이트와인** 해산물의 비린내를 없애는 동시에 풍미를 주는 향신재료로 쓴다. 요리용 화이트와인은 단맛이 적고 탄산이 가미되지 않은 것으로 고른다.

05 **발사믹식초** 단맛이 강한 포도즙을 오크통에 담아 숙성시킨 포도식초. 향이 좋고 특유의 깊은 맛이 나 샐러드 드레싱의 재료로 사용된다. 오랜 시간 숙성한 발사믹식초일수록 풍미가 좋다.

06 **발사믹글레이즈** 발사믹식초를 졸여 단맛과 풍미가 더 진한 소스로, 샐러드는 물론 스테이크 등에 뿌리면 새콤달콤한 맛을 더한다. 음식을 그릇에 담은 뒤 뿌려 장식해도 좋다.

07 **청주** 청주는 고기나 해산물 요리에 소금, 후춧가루와 함께 넣어 밑간하면 비린내를 없앨 수 있다. 서양 요리에서 화이트와인을 사용하는 것과 같은 효과를 낸다.

08 **후춧가루** 한식 요리에서 마지막에 참기름을 둘러 향과 윤기를 내듯 모든 서양 요리는 후춧가루로 마무리한다. 바로 갈아서 쓰는 통 후춧가루는 향도 좋고 입자가 굵어서 음식을 먹음직스럽게 보이게 해준다.

09 **씨겨자** 겨자씨가 들어있는 머스터드로 홀그레인머스터드라 불린다. 톡톡 씹히는 식감이 좋아 샐러드 드레싱이나 샌드위치 스프레드로 가장 많이 활용된다.

10 **허브** 바질, 로즈메리, 오레가노 등의 허브는 서양 요리 특유의 향과 풍미를 내는 데 큰 역할을 한다. 화분을 사다가 집에서 키워 바로 사용하면 편하다.

11 **바닐라빈** 요리에 향긋한 바닐라 향을 낼 때 바닐라 에센스나 오일 대신 사용한다. 디저트 만들 때 바닐라빈은 반으로 잘라 씨를 긁어서 넣으면 우유나 달걀 비린내를 없애준다.

12 **프레시 모차렐라치즈** 부드럽고 향이 강하지 않아 샐러드는 물론 튀김에 얹으면 맛있다. 커팅된 모차렐라치즈보다 고급스러운 맛을 낼 수 있다.

16

요리와 스타일링이 즐거워지는 도구

도구를 잘 사용하면 요리 초보도 얼마든지 폼 나는 한 상을 차릴 수 있다. 갖추고 있으면 요리의 품격이 달라지는 연장들을 모았다.

01 계량스푼과 계량컵 요리하기 쉽고 정확한 맛을 내는 데 꼭 필요한 도구. 액체는 찰랑거리게 담고 가루는 수북하게 담아 젓가락으로 표면을 깎아서 쓴다.

02 저울 한 줌 계량과 눈대중으로 얼추 요리를 할 수는 있지만 음식을 제대로 만들기는 어렵다. 전자저울은 그릇을 올리면 '0'으로 세팅되어 액체류의 무게를 재기 편하다.

03 스테인리스 바트 식재료를 손질해 조리하기 전 담는 데 유용한 요리용 바트. 기름망이 있는 바트는 튀김 요리할 때 기름을 빼는 용도로 좋다. 손질한 재료를 스테인리스 바트에 담고 냉장보관하면 신선도가 유지되고 더 위생적이다.

04 집게 손님상에서 애피타이저나 메인 요리를 덜어 먹는 서브용 집게는 필수다.

05 모양 틀 베이킹용 모양 틀은 요리할 때 세팅 도구로 유용하다. 버터를 찍어 모양을 내거나 샐러드와 밥을 모양 틀에 넣고 고정하면 손쉽게 플레이팅할 수 있다.

06 나무도마 재료를 손질할 때 사용하는 도마는 플레이트로 활용하면 세련되어 보인다. 카나페나 피자, 샌드위치 등 핑거푸드를 담으면 좋다.

07 토치 요리 겉면을 태울 때 쓰는 토치. 크림브륄레 등의 디저트의 겉면을 그을릴 때 쓴다.

08 접시 흰색 플레이트는 2~3가지 사이즈를 갖추고 있으면 초대상에 기본 스타일링하기 좋다. 전채 요리와 메인 요리를 서브할 때 따로 사용하거나 사이즈가 다른 2가지를 겹쳐서 기본 세팅에 활용하면 편하다.

09 유리컵 상 차릴 때 물잔만 달리 두어도 색다르다. 파란색, 빨간색 등 원색의 유리컵을 구비해두면 테이블세팅에서 포인트가 될 뿐 아니라 매트 등과 톤온톤 매칭하면 세련되어 보인다.

10 테이블매트 격식을 차리고 싶을 때는 매트가 필수적이다. 면 소재는 세탁하기 번거로우므로 사용 후에 세제로 닦아 물로 헹굴 수 있는 왕골 또는 실리콘 소재를 고르자.

11 냅킨 컬러풀한 냅킨, 패턴이 디자인된 냅킨 등을 몇 가지 구비하고 있으면 쓰임새가 많다. 커트러리를 묶는 홀더로 이용하거나 전채 요리를 서브할 때 앞 접시 위에 냅킨을 올려두면 위생적이다.

12 면 냅킨 흰색 면 소재 냅킨은 6장 정도 갖추고 있으면 손님 초대할 때 유용하다. 입을 닦는 등 피부에 직접 닿으므로 순면 100%를 골라 사용 후에는 삶아서 위생적으로 관리한다.

13 종이 포일 전자레인지에 음식을 데울 때나 반죽한 디저트를 종이 포일에 싸 얼리면 썰기 편하다. 그릇 위에 종이 포일을 깔고 튀김을 담는 등 유산지 대용으로 활용해도 좋다.

기본 육수 만들기

음식 맛은 장맛이듯 요리의 기본이 되는 밑국물이나 육수를 제대로 만들어야 음식 맛이 보장된다. 한식부터 양식까지, 파티 요리의 맛을 좌우하는 기본 육수만 만들어도 절반의 성공.

멸치육수

재료 멸치 20마리, 무 100g, 다시마 5g, 물 1*l*

이렇게 만드세요
1. 냄비에 멸치, 무, 다시마, 물을 넣고 센 불에서 끓인다.
2. 물이 끓으면 중간불로 줄여 15분간 끓인 뒤 다시마와 멸치를 건진다.

치킨육수

재료 치킨스톡(큐브) 1개, 물 500*ml*

이렇게 만드세요
1. 냄비에 치킨스톡과 물을 넣고 스톡이 다 녹을 때까지 끓인다.

가쓰오부시육수

재료 가쓰오부시 30g, 다시마 20g, 물 1ℓ

이렇게 만드세요
1 다시마는 젖은 행주로 닦은 뒤 냄비에 담고 물을 부어 끓인다.
2 물이 끓기 직전 다시마를 건져내고 끓어오르면 찬물을 약간 붓고 가쓰오부시를 조심히 넣는다.
3 다시 물이 끓으면 불을 끈다. 가쓰오부시가 가라앉기 시작하면 면포에 국물을 거른다.

베사멜소스

재료 박력분 · 버터 30g씩, 우유 500㎖, 소금 1작은술, 후춧가루 약간

이렇게 만드세요
1 우유는 냄비에 넣고 살짝 데운다.
2 팬에 버터를 넣고 약한 불에서 박력분을 넣고 볶는다.
3 3번 정도 불에 올렸다 내렸다를 반복하여 익힌다.
4 ③에 데운 우유를 조금씩 넣고 주걱으로 저으면서 덩어리를 풀어준다.
5 소금, 후춧가루로 간한다.

냅킨 접기

손님들이 속속 모임 장소에 도착할 때 식탁 위가 어떻게 세팅되어 있는가는 매우 중요하다. 정갈하게 놓여있는 커트러리와 접시 위에 놓인 냅킨만으로도 대접 받는 듯한 좋은 인상을 주기 때문이다. 종이를 접듯 기본 냅킨 접기 몇 가지 방법만 알아두면 레스토랑 못지않은 품격을 갖출 수 있다.

▶◀ 양복 냅킨

1 정사각형 냅킨을 대각선으로 접어 삼각형을 만든다.
2 양끝 모서리를 가운데로 내려 마름모꼴로 접는다.
3 윗부분 모서리를 꺾은 다음 칼라 모양으로 접는다.
4 냅킨을 뒤로 돌려 좌우를 가운데로 모아 접고 아랫단을 올려 마무리한다.
5 종이를 넥타이 모양으로 잘라 장식한다.

▶◀ 리본 냅킨

1 정사각형 냅킨은 반 접고 다시 반 접어 직사각형을 만든다.
2 ①을 가운데로 모아서 주름을 잡는다.
3 리본테이프를 한 번 돌릴 정도의 길이로 잘라 양쪽에 찍찍이를 붙인다.

꽈리 냅킨

1. 정사각형 냅킨을 삼각형 모양으로 접는다.
2. 삼각형으로 접은 냅킨을 3등분으로 접는다.
3. 끝부분을 접어 올린 다음 안쪽으로 돌돌 만다.
4. 마지막 3cm 여분은 아래쪽 꽈리 중심에 끼워 넣는다.

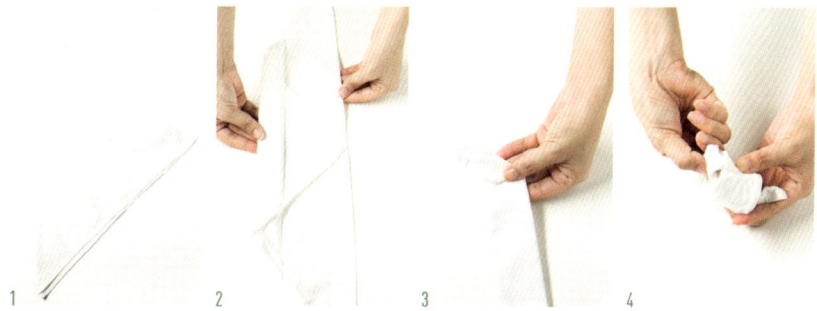

편지봉투 냅킨

1. 정사각형 냅킨을 삼각형 모양으로 접는다.
2. 삼각형으로 접은 냅킨을 양쪽 끝이 중심에 오도록 접는다.
3. 다시 양끝이 중앙에 오도록 마주 접는다.
4. 접혀진 밑 부분은 반으로 접어 올리고 위의 삼각형을 접어 내려 편지봉투 모양을 완성한다.

  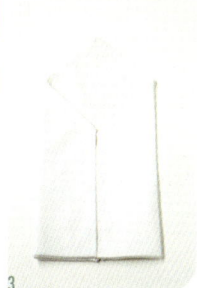 

네임카드 만들기

손님들은 식탁 앞에서 어디 앉을지를 몰라 우왕좌왕하기 쉽다. 이럴 때 지정석을 알려주는 네임카드는 호스트의 배려를 보여주는 한편 테이블세팅의 포인트가 되어준다. 손재주 없는 사람도 쉽게 만들 수 있는 네임카드 DIY.

▼ 도일리 네임카드

1. 도일리 3장을 각각 반으로 접은 다음 색지 위에 1장을 딱풀로 반만 붙인다.
2. 반대쪽에도 마찬가지로 도일리 1장을 반만 붙여 서로 마주 보게 한다.
3. 남은 1장의 도일리 전체에 풀칠한 뒤 반만 붙여진 2장의 도일리 위에 붙인 다음, 카드로 세워 이름을 쓴다.

▲ 왕관 카드

1. 직사각형 머메이드지를 반 접어 접지 부분을 기준으로 윗부분에 왕관을 그린다.
2. 왕관 부분을 칼로 파낸 뒤 반으로 접어서 모양을 잡은 뒤 카드에 이름을 쓰고 세운다.

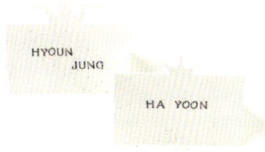

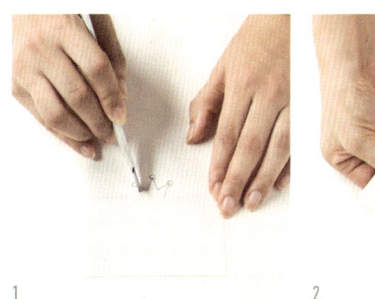

1 2

▲ 돌돌돌 카드

1. 머메이드지를 1~1.5cm 폭으로 길게 여러 장 자른다. 중심을 고정시키며 둥글게 돌돌 만다.
2. 둥글게 만 종이의 끝부분은 스테이플러로 고정한다.
3. 스테이플러로 찍은 부분을 다른 종이로 감아 가린다.
4. 종이를 짧게 잘라 ③의 뒤에 엇갈리게 두고 양면테이프로 붙인다.

1 2 4

가볍게 한 끼,
카페 메뉴

캐러멜토스트

크로크무슈 · 크로크마담

식빵러스크

솜사탕아포가토

우리 집 홈카페에서
달콤한 추억 만들기

달콤한 디저트와 아기자기한 인테리어가 예쁜 카페 나들이는 밋밋한 일상을 소소한 기쁨으로 채워줍니다. 딱 카푸치노 거품 정도의 허영으로 하루를 풍성하게 만들고 싶은 날, 우리 집 카페 문을 열어보는 건 어떨까요? 단 게 당길 때, 딱 한 조각만 맛봐도 행복해지는 달콤한 베이커리 메뉴를 준비해 친구를 초대해 보세요. 음식 맛보다 사진 찍기 놀이가 더 재밌다고 한들 뭐 어떤가요? 정성껏 준비한 음식과 커피 한 잔 사진 찍어서 SNS에 올리는 것만으로도 학창 시절처럼 웃음이 터져 나옵니다.

STYLING IDEA

집에서 카페 분위기를 연출할 때는 화려한 치장보다 자연스러운 세팅이 중요하다. 캐주얼한 패턴의 컬러 매트와 과하지 않은 꽃 장식을 매치하면 소박한 시간을 보낼 수 있다. 꼭 세트로 맞춘 테이블웨어를 갖추지 않아도 촛불을 켜고 식사를 하며 소소한 행복을 나누게 된다.

1 꽃과 티라이트의 콤비네이션

꽃과 초를 슬쩍 식탁 위에 두었을 뿐인데 활력이 느껴진다. 투명한 유리컵에 티라이트를 넣고 컵 길이보다 약간 길게 꽃을 잘라 컬러 고무줄로 고정해보자. 불을 켜면 빛이 은은하게 새어나와 자연스러우면서도 화사한 스타일의 데커레이션이 완성된다.

2 컬러 매트로 카페 무드

굳이 유행하는 식기를 새로 장만할 필요 없이 패브릭만으로도 얼마든지 카페 스타일이 연출된다. 스트라이프나 도트 패턴의 매트만 준비해도 단박에 카페 느낌이 난다. 내추럴한 원목 커트러리와 모던한 접시를 코디하고 컬러풀한 옐로 컬러 매트로 포인트를 주면 한결 세련되어 보인다.

캐러멜토스트

누구나 쉽고 빠르게 만들 수 있는 모닝 토스트입니다. 설탕을 충분히 녹인 뒤 생크림을 넣고 만든 초간단 캐러멜에 빵을 찍어 겉은 바삭하고 속은 부드러운 토스트를 완성했어요. 슈거파우더가 없으면 설탕을 믹서에 갈아 뿌리세요.

재료 · 2인분
통식빵 1/2개, 버터 1큰술, **캐러멜소스**(설탕 2큰술, 생크림(또는 우유) 1작은술), 생크림 · 슈거파우더 · 아몬드 적당량씩

이렇게 만드세요
1 통식빵은 3~4cm 두께로 자른 뒤 바둑판 모양으로 2/3 정도 깊이로 칼집 낸다.
  ·· TIP
2 달군 프라이팬에 버터를 녹인 다음 식빵을 앞뒤로 노릇하게 구워 덜어낸다.
3 같은 팬에 설탕을 넣고 센 불에서 끓이다 거품이 나면 불을 끈다.
4 생크림을 넣고 빠르게 저어 캐러멜을 만든다.
5 ④에 구운 통식빵을 찍고 접시에 담는다. ·· TIP
6 슈거파우더를 뿌리고 휘핑한 생크림과 아몬드를 곁들인다.

TIP
1 식빵은 그냥 구우면 잘라 먹기 힘들다. 2/3 지점까지 깊숙하게 칼집을 넣으면 나이프로 자르기 편하다.
5 캐러멜이 금방 굳으므로 칼집 낸 빵을 프라이팬에 도장 찍듯 빨리 찍는다.

크로크무슈 · 크로크마담

카페 인기 메뉴인 크로크무슈, 여기에 달걀프라이를 얹으면 크로크마담이라고 해요. 프랑스에서 남자, 여자 짝지어 먹는 사랑스러운 디저트를 집에서도 쉽게 만들어 봐요. 모차렐라치즈 대신 그뤼에르치즈를 얹으면 더욱 진한 맛을 느낄 수 있답니다.

재료 · 2인분(각각 1개씩)

식빵(또는 슬라이스 캄파뉴) 4장, 샌드위치햄 · 슬라이스 체더치즈 2장씩, 달걀 1개, 베사멜소스(만드는 법 P19 참고) 3큰술, 모차렐라치즈 적당량

이렇게 만드세요

1 식빵에 베사멜소스를 바르고 그 위에 햄과 슬라이스 체더치즈를 얹는다. ·· TIP
2 다시 빵을 덮고 베사멜소스를 다시 바른 뒤 그 위에 모차렐라치즈를 뿌린다.
3 200℃로 예열한 오븐에서 5~7분간 굽는다 (에어프라이어 이용 시 180℃로 6분).
4 크로크마담은 ③ 위에 달걀프라이를 올려 완성한다.

TIP
1 햄을 먼저 놓고 치즈를 올려야 치즈가 녹으면서 위의 빵과 잘 붙는다.

식빵러스크

커피나 홍차 등 어떤 음료와도 잘 어울리는 디저트입니다. 한꺼번에 많이 구웠다가 냉장보관하면 오래 먹을 수 있어요. 샌드위치를 만들 때 남은 식빵의 자투리를 모아서 만들어도 좋습니다.

재료 · 2인분
식빵 2장, 버터 20g, 설탕 2작은술, 계핏가루 약간

이렇게 만드세요
1 식빵은 1cm 두께의 막대 모양으로 썬다.
2 실온에 두어 말랑해진 버터에 설탕과 계핏가루를 넣고 섞는다.
3 썬 식빵에 ②의 버터를 앞뒤로 바른다. ·· TIP
4 200℃로 예열한 오븐에서 10~15분간 굽는다 (에어프라이어 이용 시 170℃로 10분).

TIP

3 버터를 한 면만 바르면 간이 고루 배지 않고 사방을 모두 바르면 너무 달기 때문에 앞뒤로만 바른다.

솜사탕 아포가토

아포가토는 달콤쌉쌀한 맛이 일품이지요. 아이스크림 위에 솜사탕을 얹어 눈과 입이 즐거운 이색 디저트를 완성했어요. 커피를 붓는 순간 솜사탕이 실처럼 내려앉는 모습이 드라마틱합니다. 솜사탕은 너무 많이 올리면 달기 때문에 주의하세요.

재료 • 1인분
에스프레소 1샷, 바닐라 아이스크림 1스쿱, 솜사탕 약간

이렇게 만드세요
1 볼에 아이스크림을 담고 그 위에 솜사탕을 올린다.
2 에스프레소 샷을 뿌린다.

패밀리레스토랑
카피캣

코코넛슈림프

파네카르보나라

몬테크리스토

통감지

모히토

그 시절 우리가
좋아했던 추억의 요리

학창 시절 시도 때도 없이 분식집을 드나들 듯, 패밀리레스토랑은 가족 또는 친구들과 자주 발걸음 하게 된 대중적인 외식 코스입니다. 음식 주문과 함께 먼저 가져다주는 따끈한 빵을 먹으며 열광했던 기억은 처음 경험했던 레스토랑 외식의 상징과도 같죠. 케이준치킨샐러드, 파네카르보나라, 코코넛 슈림프… 생소하기만 했던 서양 메뉴는 이제 집에서도 쉽게 따라 할 만큼 익숙해졌지요. 남녀노소 누구나 좋아하는 패밀리레스토랑 메뉴로 소소한 파티를 열어보세요. 손님 접대는 좋아하는 사람들과 함께 음식을 먹으며 일상을 나누는 일입니다. 종이매트, 냅킨으로 포장한 커트러리 등 자연스러운 테이블 데커레이션으로 푸근한 시간을 만들어 봐요.

STYLING IDEA

TGI 프라이데이, 베니건스, 메드포갈릭 등 패밀리레스토랑의 테이블세팅을 우리 집 식탁으로 옮겨왔다. 종이매트와 냅킨으로 묶은 커트러리는 실용적이고 심플한 그곳의 스타일과 닮았다. 색 활용에도 선택과 집중이 필요하므로 세팅 아이디어는 그대로 가져오되 컬러는 한 가지로 통일하자.

1 패턴 냅킨으로 커트러리 장식

패밀리레스토랑에 가면 개인 접시 위에 냅킨으로 포장한 커트러리가 상징적으로 놓여 있다. 식기는 블루, 그린 등 한 가지 컬러로 통일하고 같은 컬러의 패턴이 디자인된 냅킨으로 커트러리를 포장하자.

2 버터는 모양 틀로 찍기

모닝빵이나 바게트는 따뜻하게 토스트해 식사 전에 서빙한다. 이때 빵과 곁들일 버터, 잼 등을 어떻게 담느냐만으로도 디테일이 달라진다. 버터는 냉장고에서 꺼내 1cm 폭으로 자른 다음 여러 가지 모양의 쿠키 틀로 찍으면 감각적으로 보인다.

● 커트러리 포장하기

1. 패턴이 있는 냅킨을 마름모꼴로 두고 나이프, 숟가락, 포크 순으로 쌓는다. 냅킨 양쪽을 모은다.
2. 냅킨 한쪽을 돌돌 말아 마스킹테이프로 고정한다.

패밀리레스토랑 카피캣

코코넛슈림프

TGI 프라이데이의 대표 메뉴인 코코넛슈림프를 만드는 방법을 알려드릴게요. 코코넛 슬라이스의 파삭한 식감과 새우의 부드러움이 잘 어울립니다. 새우 등에 칼집을 넣어 등을 가르고 튀길 때 꼬리 부분을 손으로 잡아 냄비 가장자리에 살짝 고정시켜야 모양이 예뻐요.

재료 · 2인분

대하 15마리, 코코넛슬라이스 10큰술, 탄산수(또는 얼음물) · 튀김가루(또는 밀가루) · 식용유 적당량씩, **소스**(마요네즈 · 오렌지주스 2큰술씩, 씨겨자 1큰술, 유자청 2작은술)

이렇게 만드세요

1. 새우는 머리와 몸통의 껍질을 떼고 이쑤시개로 내장을 제거한다.
2. 새우 등에 칼집을 내고 벌려 몸통을 평평하게 만든다. ··TIP
3. 새우는 앞뒤로 튀김가루를 묻힌 뒤 튀김가루와 탄산수를 섞은 튀김옷에 담근 뒤 코코넛슬라이스를 묻혀 180℃의 식용유에 튀긴다. ··TIP
4. 분량의 소스 재료를 섞는다.
5. 그릇에 튀긴 새우를 담고 소스를 곁들인다.

TIP

2. 새우 등 쪽으로 칼집을 2/3 정도만 넣는다. 이때 꼬리 한 마디 전까지만 칼집을 넣는 것이 포인트다.
3. 튀김옷을 입힌 새우 위에 코코넛슬라이스를 끼얹으면서 묻혀야 코코넛슬라이스 위에 반죽물이 떨어지지 않는다.

파네카르보나라

빵 속에 파스타가 쏘옥 들어간 파네카르보나라는 여자들이 특히 좋아하는 메뉴입니다. 크림소스가 촉촉하게 스며든 빵을 뜯어 먹는 재미도 쏠쏠합니다. 소스가 금방 빵에 스며들기 때문에 면의 양은 줄이고 소스를 넉넉하게 만드세요.

재료 · 1인분

하드롤 1개, 스파게티니 60g, 생크림 200㎖, 달걀노른자 1개, 양파 1/3개, 베이컨 2장, 다진 마늘 · 그라나 파다노 1큰술씩, 소금 · 올리브유 적당량씩, 후춧가루 약간

이렇게 만드세요

1 하드롤은 칼로 윗면을 잘라 속을 판다. ··TIP
2 속을 판 하드롤은 180℃로 예열한 미니 오븐에서 2~3분간 굽는다(에어프라이어 이용시 170℃로 3분).
3 베이컨은 2cm 길이로 자르고 양파는 다진다.
4 생크림에 달걀노른자를 섞는다. ··TIP
5 스파게티니는 끓는 물 1ℓ에 소금 1큰술을 넣고 알덴테로 삶아 체에 밭친다.
6 달군 팬에 올리브유를 두르고 다진 마늘, 양파, 베이컨을 넣고 중약불에서 볶는다.
7 중간불에서 ④의 생크림과 그라나 파다노를 갈아 넣고 걸쭉해질 때까지 졸인다. 스파게티니를 넣고 2분간 볶은 뒤 마지막에 소금과 후춧가루를 넣고 간한다. ··TIP
8 ②의 빵에 파스타를 담아 완성한다.

1 하드롤은 윗면을 자르고 집게로 빵 속을 잡아서 돌려 그릇 모양을 만든다.
4 생크림과 달걀노른자를 따로 넣으면 노른자만 익어 분리되므로 미리 섞어 둔다.
7 파스타를 빵에 담으면 금방 소스가 흡수되므로 원하는 농도보다 묽게 만든다.

몬테크리스토

패밀리레스토랑의 럭셔리 샌드위치 몬테크리스토! 풍부한 맛을 내는 포인트는 우유입니다. 햄과 치즈를 얹은 빵은 우유에 살짝 적셔 튀기면 빵 속까지 온도가 잘 전달되어 치즈가 잘 녹아 풍미가 진해져요. 단 우유에 흠뻑 적시지 않도록 주의하세요.

재료 · 2인분

식빵 3장, 샌드위치햄 2장, 고다치즈 1장, 프레시 모차렐라치즈 1봉지(125g), 달걀 1개, 빵가루 10큰술, 밀가루 3큰술, 식용유 적당량, 우유·베리잼 약간씩

이렇게 만드세요

1. 식빵은 빵칼로 가장자리를 자른다. 프레시 모차렐라치즈는 0.5cm 폭으로 썬다. 달걀은 푼다.
2. 식빵 위에 샌드위치햄 → 고다치즈 → 식빵 → 샌드위치햄 → 프레시 모차렐라치즈 → 식빵을 순서대로 얹는다. TIP
3. ②를 우유에 살짝 적신 다음 밀가루, 달걀물, 빵가루 순서로 묻힌다.
4. 170~180℃의 식용유에 노릇하게 튀긴 뒤 키친타월에 받쳐 기름기를 제거한다.
5. 삼각형 모양으로 4등분해 베리잼과 함께 낸다.

TIP

2 고다치즈나 프레시 모차렐라치즈 대신에 그뤼에르치즈나 슬라이스 체더치즈, 모차렐라치즈를 넣어도 된다.

통감자

사워크림을 얹은 감자는 스테이크는 물론 파스타 등과도 찰떡궁합인 사이드 메뉴입니다. 촘촘하게 칼집을 넣어 오븐에 구우면 켜켜이 벌어져 먹음직스러워요. 칼집 사이사이에 치즈를 끼운 뒤 구워도 맛있습니다.

재료 · 2인분

감자 4개, 베이컨 4장, 사워크림 4큰술, 포도씨유 2큰술, 소금 1/2작은술, 그라나 파다노 · 후춧가루 약간씩

이렇게 만드세요

1. 감자는 깨끗이 씻어 껍질째 0.1~0.2cm 간격으로 칼집을 낸다. ··TIP
2. 볼에 포도씨유와 소금을 넣고 섞은 뒤 감자를 굴려 양념이 배도록 준비한다. ··TIP
3. 베이컨은 0.2cm 길이로 잘라 달군 팬에 바삭하게 구워 키친타월로 기름기를 제거한다.
4. 감자는 200℃로 예열한 오븐에서 40분간 굽는다(에어프라이어 이용 시 180℃로 30분).
5. 구운 감자 위에 그라나 파다노를 갈아 뿌린다. 사워크림과 베이컨을 얹어 후춧가루를 뿌려 완성한다.

1 칼집은 최대한 깊숙하고 촘촘하게 넣어야 익으면서 통감자가 벌어져 모양이 예쁘다.
2 볼에 양념과 감자를 담고 볼을 앞뒤로 가볍게 흔들면 손에 묻히지 않고 간을 할 수 있다.

모히토

쿠바의 칵테일 모히토는 최근 웬만한 카페에서 쉽게 맛볼 수 있을 정도로 인기 메뉴로 자리 잡았어요. 시중에서 신선한 라임을 쉽게 구할 수 없어 레몬으로 대체했어요. 시소 대신 애플민트를 넣어도 됩니다.

재료 · 2인분
레몬 1개, 시소 6장, 사이다 400㎖, 설탕 약간

이렇게 만드세요
1. 레몬은 베이킹소다로 겉면을 문질러 닦는다.
2. 레몬은 반으로 잘라 절반은 즙을 내고 나머지는 슬라이스한다.
3. 시소는 씻어 물기를 제거한 뒤 적당하게 잘라 컵에 넣고 으깬다. ··TIP
4. ③에 레몬즙과 사이다를 넣고 섞는다.
5. 유리컵 가장자리에 물을 묻히고 설탕을 찍는다. ··TIP
6. ⑤의 컵에 슬라이스한 레몬을 넣고 ④를 부어 완성한다.

3 도마에서 시소를 으깨면 진액이 그 위에 묻는다. 컵에 넣고 으깨야 시소 즙과 향을 살릴 수 있다.

5 도마 위에 설탕을 뿌린 뒤 물을 묻힌 컵을 찍으면 컵 가장자리에 설탕이 붙는다.

누구나 좋아하는
추억의 맛을 찾아서

———◆———

칠리치즈포테이토

치킨도리아

옥수수팝

마카로니앤치즈

피나콜라다

응답하라 X세대...
추억 돋우는 경양식 요리

중·고등학교 시절 인기였던 패밀리레스토랑 〈코코스〉 메뉴를 재해석했어요. 짜장면을 처음 먹었을 때처럼 황홀했던 치킨도리아와 프렌치프라이는 요즘도 가끔 떠오르는 추억의 맛이죠. 추억을 불러일으키는 맛의 절반은 음식이고, 나머지는 그때 분위기가 아닐까요? 빨간색 간판을 보며 친구들과 삼삼오오 드나들었던 그 시절을 오감으로 기억해보세요. 추억의 맛을 경험하게 할 경양식 메뉴를 제안합니다. 탄산음료가 절로 떠오르는, 느끼하지만 매혹적인 맛은 그때 그 시절의 감성을 불러일으켜요. 빨간색 냅킨으로 포인트를 주어 캐주얼하면서도 빈티지한 테이블을 완성했습니다.

STYLING IDEA

정말 가까운 사람들과 담소를 나누며 보내는 소규모 파티는 콘셉트만 분명하게 잡으면 쉽고 간단한 스타일링이 가능하다. 컬러만 잘 매치해도 절반의 성공. 메인 컬러를 레드로 잡고 컬러 스타일링을 하면 캐주얼한 메뉴가 더욱 돋보인다. 이때는 테이블매트와 커트러리 컬러를 통일하거나 테이블웨어와 네임카드에 레드 컬러 포인트를 주는 등 변화를 주면 효과적이다.

1 리본 모양 냅킨

빨간색 스트라이프 패턴은 가장 손쉽게 패밀리레스토랑을 표현해주는 스타일링 아이템. 패턴 냅킨을 세로로 3등분 접어 질끈 묶으면 리본 모양이 완성된다. 화이트 접시 위에 올려 강렬한 느낌을 준다.

2 빈티지 소품

여행길에 선물 받았던 초콜릿 통 등을 손님 초대 시 냅킨꽂이 등의 색다른 소품으로 활용하자. 이 외에도 지정석을 만들어주는 네임카드나 음식에 대한 정보를 알려주는 메뉴카드를 꽂는 소품으로 사용해도 좋다.

● 리본 냅킨 접기

1. 직사각형 모양의 매트는 세로로 길게 3등분한 뒤 안쪽으로 접는다.
2. 포개 접은 매트를 양손으로 잡고 한 번 묶는다.
3. 리본을 묶듯 매듭지어 완성한다.

칠리치즈포테이토

남녀노소 누구나 좋아하는 감자튀김을 토핑을 달리해 색다른 간식으로 변신시켰어요. 맥주 없이 못사는 남편을 위한 센스 있는 술안주로도, 소고기를 듬뿍 넣어 아이의 영양 간식으로도 손색없어요. 감자는 채칼로 밀어야 고르게 튀길 수 있답니다.

재료 · 2인분

감자 3개, 소고기(다진 것) 100g, 양파 50g, 식용유 적당량, 올리브유 약간, **소스** (토마토소스 100g, 모차렐라치즈 2큰술, 우스터소스 1작은술, 핫소스 1/2작은술, 소금 약간), **토핑**(양파 · 피클 30g씩, 그라나 파다노 약간)

이렇게 만드세요

1. 껍질을 벗긴 감자는 0.5cm 두께로 가늘게 채 썬다. 180℃로 예열한 식용유에 바삭하게 튀겨 기름을 뺀다.
2. 양파 50g은 곱게 다진다.
3. 토핑용 양파와 피클은 곱게 다져 섞어둔다.
4. 달군 팬에 올리브유를 두르고 다진 양파 50g을 먼저 볶다가 소고기를 넣고 볶아 소금으로 간한다. ··TIP
5. ④에 토마토소스, 우스터소스, 핫소스를 넣고 볶다가 바글바글 끓으면 모차렐라치즈와 소금을 넣어 소스를 완성한다. ··TIP
6. 그릇에 튀긴 감자 절반을 담고 소스를 얹은 뒤 그라나 파디노를 갈아 넣고 섞어둔 다진 양파, 다진 피클 절반을 올린다. 그 위에 다시 감자와 토핑을 차례로 쌓는다.

TIP

4. 다진 양파는 충분히 볶아서 향이 우러나오면 소고기를 넣고 볶아야 맛있다.
5. 토마토소스를 만들 때 아라비아타 소스를 넣으면 풍미가 살아 더 맛있다. 우스터소스가 없으면 소금 양을 늘린다.

치킨도리아

부드러운 화이트소스와 치즈가 노릇노릇 녹아 진한 맛이 일품인 도리아. 냉장고 속 자투리 재료로 만들 수 있는 볶음밥을 스타일리시한 외식 메뉴로 만들었어요. 치킨 대신 해물을 이용해도 맛있습니다.

재료 · 3인분

밥 2공기(420g), 닭고기(안심) 100~150g, 모차렐라치즈 100g, 양파 1/2개, **토마토소스**(토마토케첩 7큰술, 우스터소스 2큰술, 치킨스톡 1/2개(또는 돈가스소스 1과 1/2큰술)), 베사멜소스(만드는 법 P19 참고) 10큰술, 소금 · 후춧가루 · 청주 · 포도씨유 · 버터 약간씩

이렇게 만드세요

1. 닭고기는 먹기 좋은 크기로 잘라 소금, 후춧가루, 청주를 뿌려 밑간한다.
2. 양파는 껍질을 벗기고 다진다.
3. 볼에 토마토케첩과 우스터소스를 담고 섞는다.
4. 달군 팬에 포도씨유와 버터를 넣고 다진 양파를 볶다가 투명해지면 닭고기를 넣고 볶는다.
5. 닭고기가 익으면 밥을 넣고 볶다가 치킨스톡을 넣고 으깨가며 볶는다. ··TIP
6. 미리 섞어둔 토마토케첩과 우스터소스를 넣어 밥과 함께 볶는다.
7. 볶은 밥은 팬이나 오븐 용기에 담은 뒤 베사멜소스를 충분히 얹는다. ··TIP
8. 모차렐라치즈를 뿌린 다음 180℃로 예열한 오븐에서 20~25분간 굽는다(에어 프라이어 이용시 170℃로 15분).

TIP

5 치킨스톡이 짭짤하므로 밥을 넣고 볶다가 나중에 넣는다.
7 베사멜소스는 두껍게 발라야 오븐에서 구워지는 동안 밥이 마르지 않는다.

옥수수팝

어린 시절 놀이공원에서 먹었던 옥수수꼬치를 집에서 쉽게 만드는 아이디어를 제안할게요. 옥수수를 설탕에 굴려 직화해 캐러멜을 바른 듯 달콤한 옥수수를 완성했어요. 아이를 위한 간식으로 활용해도 좋고 스테이크를 구울 때 사이드 메뉴처럼 곁들여도 잘 어울려요.

재료 • 2인분
옥수수 2개, 설탕 2큰술

이렇게 만드세요
1. 옥수수는 껍질을 벗기고 냄비에 담는다. 옥수수가 충분히 잠길 정도로 물을 붓고 푹 삶는다.
2. 삶은 옥수수는 2~3등분으로 자른다.
3. 옥수수를 오븐용 꼬치에 끼운 뒤 설탕을 바른다. ••TIP
4. 가스불에 옥수수를 직화로 구워 완성한다. ••TIP

TIP
3 도마 위에 설탕을 뿌리고 옥수수를 굴려야 설탕이 골고루 발라진다.
4 옥수수는 석쇠에 올리지 않고 가스불에 바로 직화해야 캐러멜이 잘 만들어진다.

마카로니앤치즈

맥앤치즈로 불리는 마카로니앤치즈는 미국인들의 소울 푸드입니다. 분말수프를 넣고 전자레인지에 돌리면 진한 치즈 맛이 집안 가득 퍼져 중독성이 강하지요. 여러 가지 치즈를 넣어 감칠나게 만들었으니 느끼한 음식이 당길때 드세요.

재료 • 2~3인분
마카로니 50g, 생크림 100g, 슬라이스 체더치즈 2장(40g), 고다치즈 1장, 그라나 파다노 2작은술, 소금 약간

이렇게 만드세요
1 끓는 물에 소금을 넣고 마카로니를 10분간 삶는다.
2 달군 팬에 생크림과 모든 치즈를 넣어 중약불에서 녹인다.
3 삶은 마카로니를 넣고 섞은 뒤 소금으로 간한다.

피나콜라다

피나콜라다는 누구라도 좋아할 만한 대중적인 칵테일이에요. 코코넛밀크만 넣으면 집에서도 쉽게 만들 수 있어요. 파인애플의 당도에 따라 시럽과 레몬즙은 생략해도 괜찮습니다.

재료 · 2인분
파인애플 300g, 코코넛밀크 100g, 오렌지주스 80g, 레몬즙 2큰술, **시럽**(설탕 50g, 물 100㎖) 2큰술

이렇게 만드세요
1 냄비에 설탕과 물을 넣고 센 불에서 끓인다. 설탕이 녹고 약간 걸쭉해지면 불을 끄고 식힌다.
2 믹서에 파인애플, 코코넛밀크, 오렌지주스, 레몬즙을 넣고 간다.
3 기호에 따라 시럽 양을 조절해 넣는다.

영화
⟨카모메 식당⟩ 속
그 요리

◆◈◆

달걀찜

돼지고기된장구이

고구마크로켓

알밥

소중한 사람과 나누고 싶은
소소하지만 결이 있는 밥상

영화 〈카모메 식당〉에는 특별한 로맨스나 가슴 졸이는 사건이 없지요. 매일 주먹밥을 만드는 사치에 상은 손님이 오지 않아도 친구들과 음식을 먹으며 소소한 일상을 즐깁니다. 나의 아지트, 우리 집에서 단짝 친구와 함께 나만의 히든 레시피로 차린 식당을 열어보는 건 어떨까요? 특별할 것 없는 음식일지라도 마음을 더하면 새로운 맛과 분위기로 변화됩니다. 마음을 데워주는 밥 한 그릇 가운데 두고 고기반찬과 튀김 요리 하나로 소풍 온 기분을 내볼까해요.

달걀찜

보들보들 부드럽고 맛있는 일식 달걀찜입니다. 약한 불에서 은근하게 쪄 모양도 정갈하고 푸딩처럼 촉촉해요. 애피타이저로 내면 입맛을 돋워 좋아요.

재료 • 4인분 (지름 8cm 볼 4개)

달걀 3개, **다시마육수 200㎖**(물 500㎖, 다시마 5×5cm 1장, 표고버섯(말린 것) 1/2개), 꽃새우 4마리, 쑥갓 2장, 소금 1/3작은술

이렇게 만드세요

1 찬물에 다시마와 표고버섯, 물을 넣고 4~5시간 우려 다시마육수를 만든다.
2 끓는 물에 소금을 약간 넣고 꽃새우를 데친 뒤 찬물에 헹군다. 쑥갓은 깨끗이 씻는다.
3 볼에 달걀을 풀어 체에 한 번 걸러 소금으로 간한다. •• TIP
4 볼에 ③을 60~70%만 넣는다. 김 오른 찜기에 담고 약한 불에서 7분간 쪄 2분간 뜸들인다.
5 따뜻할 때 데친 꽃새우와 쑥갓을 올린다.

TIP
3 달걀은 나무젓가락으로 풀어 체에 한 번 이상 걸러야 쪘을 때 알끈이 생기지 않고 부드럽다.

돼지고기된장구이

미소된장소스를 발라 구운 돼지고기는 대표적인 일본 가정식 요리입니다. 돼지고기는 제육볶음할 때처럼 얇게 썬 것을 구입해야 맛있어요. 꽈리고추를 듬뿍 넣으면 매콤해 밥반찬으로도 좋아요.

재료 · 2인분

돼지고기 앞다리살(불고기용) 600g, 청주 1큰술, 파채 적당량, 꽈리고추 10~15개, 맛술 1큰술, **된장소스**(미소된장 3큰술+청주 4큰술+설탕 1큰술&1작은술)

이렇게 만드세요

1. 돼지고기는 기름을 제거하고 먹기 좋은 크기로 썬다. 청주와 간장으로 밑간한다.
2. 볼에 분량의 소스 재료를 넣고 잘 섞는다. 대파는 0.1cm 두께로 채 썬다.
3. 꽈리고추는 꼭지를 떼고 물에 담가 돌리며 씨를 뺀다. ··TIP
4. 달군 팬에 식용유를 살짝 두른 뒤 돼지고기를 중간불에서 굽는다. 반쯤 익었을 때 소스를 넣고 볶는다.
5. 거의 다 익으면 파채 절반과 꽈리고추를 넣고 볶는다.
6. 마지막에 맛술을 넣고 가볍게 볶아 마무리한다. 접시에 담고 남은 파채를 올려 장식한다.

TIP

3. 꽈리고추는 씨를 털고 조리해야 음식이 단정하다. 물에 담가 손가락으로 돌리면 씨가 쉽게 빠진다.

고구마크로켓

달콤한 제철 고구마로 만든 크로켓은 그냥 먹어도 맛있지만 돈가스소스를 곁들이면 색다릅니다. 고구마 외에 삶은 감자도 같은 방법으로 만들 수 있어요.

재료 • 2인분

고구마 2개, 달걀 1개, 빵가루 10큰술, 밀가루 6큰술, 다진 양파 5큰술, 우유 4큰술, 버터 1작은술, 식용유 적당량, 소금·후춧가루 약간씩

이렇게 만드세요

1. 고구마는 김 오른 찜기에 20분간 쪄 뜨거울 때 껍질을 벗긴다.
2. 포크로 으깬 뒤 뜨거울 때 버터와 다진 양파를 넣는다.
3. ②에 우유를 넣고 섞은 뒤 소금과 후춧가루로 간한다.
4. 평평한 용기에 담고 냉장고에 넣는다. ••TIP
5. 숟가락으로 떠서 밀가루, 달걀물, 빵가루를 순서대로 묻힌다.
6. 180℃로 예열한 식용유에 노릇하게 튀긴다.

TIP

↓ 고구마매시는 냉장고에 두면 딱딱해져 모양을 만들기가 좋다. 뜨거울 때 반죽하면 모양 잡기가 어렵다.

알밥

최소한의 재료로 만드는 한 그릇 알밥 요리를 소개합니다. 양념을 털어낸 김치를 많이 넣으면 시원한 맛을 낼 수 있어요.

재료 · 2인분

밥 2공기(420g), 게맛살 4개, 오이 1/3개, 다진 김치 7큰술, 마요네즈 2큰술, 날치알 1큰술, 조미김 · 참기름 약간씩

이렇게 만드세요

1. 오이는 껍질을 돌려 깎아 채 썬 뒤 다지고 마요네즈 1큰술을 넣고 버무린다.
   ·· TIP
2. 게맛살은 쭉쭉 찢은 다음 2cm 길이로 썰어 남은 마요네즈를 넣고 버무린다.
   ·· TIP
3. 조미김은 가로 길이로 2등분해 1cm 폭으로 자른다.
4. 뚝배기에 참기름을 약간 두르고 다진 김치를 담는다.
5. ④ 위에 밥을 담고 뚜껑을 덮어 4~5분간 중간불에서 끓인다.
6. 살짝 누룽지가 생길 정도로 익으면 밥 위에 날치알과 김가루를 뿌린다.

TIP
1. 오이는 껍질을 돌려 깎아 채 썬 뒤 다져야 식감이 살아 맛있다.
2. 오이와 게맛살을 각각 마요네즈에 버무려 밥 위에 올려야 음식이 정갈해 보인다.

여유있게 즐기는
주말 브런치

사과양상추샐러드

식빵애플파이

게살치아바타

골드메달리스트

채소와 소시지구이

스크램블드에그

프렌치토스트

*여유로운 주말,
신선한 음식으로 활력 충전!*

아침을 겸해서 먹는 점심식사 브런치는 이제 하나의 문화로 자리매김했습니다. 부담 없이 음식을 즐기면서 차 한 잔도 곁들일 수 있는 브런치는 '여유'의 다른 이름이기도 합니다. 인기 브런치 카페에 가면 신선한 채소로 만든 샐러드, 토스트나 샌드위치 등 다양한 스타일의 빵 메뉴가 눈길을 모읍니다. 요기도 되고 비타민을 듬뿍 넣어 건강한 주말 브런치를 차려봤어요. 식빵, 게살, 사과 등 우리 집에 늘 준비되어 있는 만만한 식재료로 호텔 조식 못지않은 식탁을 완성했습니다.

STYLING IDEA

식탁보만 바꿔도 평범한 일상의 공간은 색다른 분위기가 난다. 화사한 파스텔 블루, 그린 계열의 천을 식탁 위에 깔고 도일리페이퍼를 매트처럼 놓으면 심플하면서도 러블리한 분위기가 완성된다. 작은 변화만으로도 브런치 카페 느낌이 나 마음을 따뜻하고 설레게 만든다.

1 로맨틱한 도일리매트

사각, 동그라미 등 모양과 크기가 다양한 도일리페이퍼를 식탁매트로 활용해보자. 구멍 사이로 식탁보 컬러가 은은하게 비쳐 예쁘다. 자칫 밋밋해보일 수 있으므로 냅킨은 식탁보와 같은 계열의 컬러로 고르되 패턴이 있는 것으로 배치해 모던한 느낌을 살린다.

2 아침 인사 카드

가까운 친구를 초대했을 때 식탁 위 네임카드는 음식 이상으로 다정한 마음을 전달해준다. 명함 크기의 종이 위에 손글씨로 감사의 인사를 건네자. 그릇 위에 메모를 꽂아도 좋지만 포크에 끼우는 등 방법을 달리하면 유머러스하다.

사과양상추샐러드

맛이 강하지 않고 상큼한 플레인요구르트는 만만한 드레싱 재료입니다. 양상추와 사과의 아삭한 식감과 신선한 드레싱이 잘 어울리는 두분 완성 샐러드를 제안해요. 양상추와 사과를 탑처럼 쌓아올려 담음새도 예쁩니다.

재료 · 2인분
양상추 80g, 사과 1/2개, **드레싱**(플레인요구르트 1개, 레몬즙 · 꿀 2큰술씩, 다진 바질 1작은술, 소금 약간)

이렇게 만드세요
1 양상추는 깨끗이 씻어 물기를 제거한 뒤 한 입 크기로 자른다.
2 사과는 링 모양을 살려 가로로 얇게 썬 뒤 씨는 모양 틀로 찍어 4~5등분한다.
   ·· TIP
3 볼에 분량의 드레싱 재료를 고루 섞는다.
4 접시에 사과를 담고 드레싱을 뿌리고 양상추를 올리면서 탑을 쌓아가며 담는다.
   ·· TIP
5 ④위에 드레싱을 한 번 더 뿌려 완성한다.

TIP

2 사과를 모양 틀로 찍으면 씨도 빼면서 부채꼴 모양으로 예쁘게 썰 수 있다.

4 사과→드레싱→양상추→드레싱 순으로 뿌려야 접착제 역할을 해 잘 쌓을 수 있다.

식빵애플파이

파이지를 만드는 번거로움 없이 식빵으로 간단하게 만드는 애플파이예요. 브런치는 물론 아이 간식으로 내어도 좋습니다. 사과는 미리 조려두었다가 사용하면 편해요. 사과의 당도에 따라 설탕 양을 조절하세요.

재료 · 1인분

사과 1개, 식빵 2장, 설탕 2큰술, 레몬즙 1큰술, 버터 1작은술, 계핏가루 1/3작은술, 달걀물 · 우유 적당량씩, 소금 약간

이렇게 만드세요

1 사과는 껍질을 벗겨 씨를 제거한 뒤 작게 썬다.
2 달군 팬에 버터를 녹여 사과, 설탕, 레몬즙, 계핏가루, 소금을 넣고 조린다.
　·· TIP
3 식빵은 가장자리를 잘라 가운데에 사과조림을 올린다.
4 사방 귀퉁이에 우유를 바른 뒤 식빵을 덮는다. ·· TIP
5 우유를 바른 가장자리 부분을 포크로 눌러준 뒤 식빵의 윗면에 달걀물을 바른다. ·· TIP
6 파이는 200℃로 예열한 오븐에서 노릇한 색이 날 때까지 6~8분간 굽는다(에어프라이어 사용 시 180℃에서 6~8분).

TIP

2 사과는 주걱으로 만졌을 때 휘어질 때까지 조린다.
4 조림을 가운데 얹고 나머지 부분에는 우유를 발라야 접착제 역할을 한다.
5 포크로 식빵 가장자리를 눌러가면서 위아래를 붙이는 한편 모양을 낸다.

게살치아바타

인기 브런치 카페 리나스의 게살치아바타를 재현했어요. 소스에 와사비를 넣어 마요네즈와 게살 특유의 느끼한 맛을 잡아줘 어른들도 좋아합니다. 빵에 마요네즈 대신 허니머스터드 소스를 발라 맛이 더 풍성해졌어요.

재료 · 2인분

치아바타 2개, 토마토·오이 1/2개씩, 게맛살 8개, 양파 1/3개, 치커리·로메인 4장씩, 마요네즈 3큰술, 와사비 1과 1/2작은술, 허니머스터드소스 적당량

이렇게 만드세요

1 오이는 씻어 감자 칼로 길게 자르고 토마토는 0.5cm 두께로 둥글게 썬다. 양파는 껍질을 벗겨 곱게 다진다.
2 치커리와 로메인은 깨끗이 씻어 체에 받쳐 물기를 제거한다.
3 게맛살은 결대로 찢어 곱게 다진 뒤 다진 양파와 마요네즈, 와사비와 함께 버무린다. ··TIP
4 치아바타는 반으로 잘라 안쪽에 허니머스터드소스를 바른다. ··TIP
5 빵 위에 로메인 → 양념한 게맛살 → 오이 → 토마토 → 치커리 → 빵 순서로 얹어 완성한다.

3 게맛살과 양파를 소스와 미리 버무려 놓으면 양파의 매운맛이 빠진다.
4 치아바타에 허니머스터드소스를 바르면 코팅 역할을 해 빵이 눅눅해지지 않는다.

골드메달리스트

냉동 과일을 활용한 주스를 소개합니다. 제철 딸기로 신선하게 만들어도 좋지만 냉동 딸기는 얼음을 넣지 않아도 되어 맛이 더 진한 장점이 있어요. 코코넛밀크를 넣어 부드러운 맛을 살렸습니다. 너무 되직하면 오렌지주스로 농도를 조절하세요.

재료 · 1인분
냉동 딸기 4개, 바나나 1/2개, 오렌지주스 100㎖, 코코넛밀크 2작은술

이렇게 만드세요
1 냉동 딸기는 살짝 녹인다.
2 바나나는 껍질을 벗긴다.
3 믹서에 모든 재료를 넣고 갈아 유리컵에 담는다.

채소와 소시지구이

냉장고 속 자투리 채소를 구워 소시지와 함께 담으면 소박한 원플레이트 요리를 만들 수 있어요. 단맛이 강한 단호박과 단단한 아스파라거스를 밑간해서 그릴에 구우면 사이드 메뉴로 제격이랍니다.

재료 · 1인분
프랑크 소시지 1개, 단호박 1/8개, 방울토마토 · 미니 아스파라거스 2개씩, 올리브유 적당량, 소금 · 후춧가루 약간씩

이렇게 만드세요
1. 프랑크 소시지는 0.5cm 간격으로 비스듬히 칼집을 넣는다.
2. 단호박은 껍질째 씻어 씨를 제거한 뒤 1cm 두께로 모양을 살려 자른다. 미니 아스파라거스는 깨끗이 씻어 돌기 부분을 감자 칼로 떼다.
3. 달군 그릴 팬에 올리브유를 살짝 두른 뒤 단호박과 방울토마토, 미니 아스파라거스를 올려 소금과 후춧가루를 뿌려 굽는다.
4. ③과 같은 팬에 마지막으로 소시지를 굽는다.

스크램블드에그

스크램블드에그는 대표적인 브런치 메뉴지만 그만큼 부드럽고 맛있게 만들기가 쉽지 않아요. 우유를 약간 넣어 부드러운 식감을 살렸습니다. 샌드위치 소로 활용해도 맛있어요.

재료 · 1인분

달걀 2개, 우유 2큰술, 식용유 · 소금 · 후춧가루 약간씩

1. 볼에 달걀을 잘 풀어준 뒤 우유와 소금, 후춧가루를 넣고 섞는다. ··TIP
2. 달군 팬에 식용유를 두른 뒤 중간불에서 ①을 넣어 젓가락으로 빠르게 젓는다. 달걀이 80% 정도 익었을 때 불을 끄고 남은 열로 익힌다. ··TIP

TIP

1 달걀에 우유를 소량만 넣어도 맛과 식감이 부드러워진다.
2 달걀은 완전히 익히면 남은 열로 더 익어 뻑뻑해지므로 80%만 익혀 불을 끄고 부드럽게 익힌다.

프렌치토스트

프렌치토스트는 만들기 쉽고 배도 든든해 간식으로 즐겨먹는 메뉴이지요. 우유와 바닐라빈을 데워 달걀물과 섞어 바게트에 적셔 구우면 보들보들 촉촉하고 맛있어요. 계핏가루를 뿌리거나 구운 바나나를 함께 곁들이면 잘 어울립니다.

재료 · 1인분

바게트 1/2개, 우유 150㎖, 달걀(큰 것) 1개, 설탕 30g, 바닐라빈 1/2개, 버터 · 메이플시럽 · 슈거파우더 적당량씩

이렇게 만드세요

1 바게트는 빵칼로 3cm 두께로 자른다.
2 냄비에 우유와 바닐라빈을 담고 살짝 데운다. ··TIP
3 볼에 달걀을 고루 푼 뒤 설탕을 넣고 잘 섞는다. ②를 넣고 저은 뒤 체에 거른다.
4 그릇에 바게트를 담고 ③을 부어 30분 이상 둔다. ··TIP
5 달군 팬에 버터를 두르고 중약불에서 바게트를 앞뒤로 굽는다. ··TIP
6 접시에 담은 뒤 메이플시럽을 뿌리고 슈거파우더로 마무리한다.

2 우유는 오래 끓이면 막이 생기므로 살짝 데운다.
4 우유에 바게트를 충분히 담가두어야 속까지 스며들어 촉촉하고 맛있다.
5 버터를 녹인 팬에 바게트를 올리면 쉽게 탄다. 중약불로 낮춰 표면이 노릇해질 때까지만 굽는다.

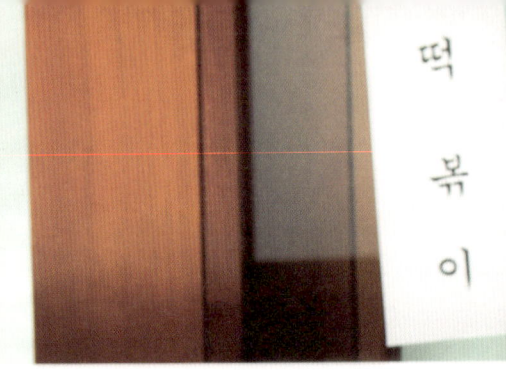

먹어도 먹어도 질리지 않는
분식 요리

기름떡볶이

김말이

오징어튀김

스팸무수비

어묵탕

어
묵

◆◆◆

나의 첫 요리, 서툴지만 추억이 깃든 떡볶이

학창 시절, 엄마 없는 날 친구들을 불러 처음 만들었던 떡볶이 맛은 잊을 수가 없어요. 아무리 고추장을 넣어도 떡과 국물이 어우러지지 않아 난감했어요. 결국 떡 따로, 국물 따로인 채로 먹었지만 맛없다고 깔깔대던 친구들의 표정은 생생하게 기억에 남았어요. 나이가 들어도, 분식 메뉴는 친구와 삼삼오오 모여 조금씩 아껴 먹어야 제맛입니다. 요즘은 동네의 작은 떡볶이집보다 프랜차이즈 떡볶이 매장이 더 인기지만, 하루 날 잡고 분식 파티를 해보면 어떨까요? "떡튀순 한 접시 나갑니다~" 밖에서 먹는 것보다 건강하게, 솜씨 발휘를 해봐요.

STYLING IDEA

라면도 노란색 양은냄비에 끓이면 더 맛있게 느껴지듯 작정하고 분식을 요리한 날은 최대한 서민적인 분식집 분위기를 연출해야 음식 맛도 2배가 된다. 일반적인 그릇 대신 스테인리스 용기와 컬러풀한 천을 이용해 아기자기한 학교 앞 분식집 스타일링을 따라 해보자.

1 스테인리스 그릇 활용하기

요즘 유행하는 양손 손잡이가 달린 스테인리스 그릇, 트윙클볼을 이용해 음식을 담아보자. 내추럴한 분식집 느낌이 제대로 표현된다.

2 벽면에 메뉴판 붙이기

요즘 인기 있는 프랜차이즈 떡볶이 매장의 메뉴판을 집으로 옮겨오는 아이디어도 재미있다. 궁서체로 정갈하게 출력한 메뉴 이름을 식탁 옆 벽에 쪼르르 한 줄로 붙여보자.

기름떡볶이

통인시장의 명물 기름떡볶이! 한 번 먹으면 잊을 수 없어 중독성이 강한 메뉴입니다. 국물이 없어 떡강정처럼 달콤한 기름떡볶이는 식어도 맛있어요. 고추장 대신 간장으로 만들어도 잘 어울립니다.

재료 · 1인분

떡볶이 떡 200g, 식용유 1큰술, **양념**(고추장 2작은술, 고춧가루 · 설탕 · 물엿 1작은술씩, 간장 1/2작은술)

이렇게 만드세요

1 양념 재료는 미리 섞어 숙성시킨다.
2 달군 팬에 식용유를 두르고 센 불에서 떡볶이 떡이 부풀어 오를 때까지 볶는다. ··TIP
3 ②를 볼에 담고 양념을 넣고 버무린 뒤 다시 팬에 넣고 볶는다. ··TIP

2 떡은 겉면이 노릇해지면서 부풀어 오를 때까지 볶아야 속까지 말랑하다.
3 팬에서 볶은 떡은 바로 소스를 넣어 섞지 않고 볼에 옮겨 담아 버무린 뒤 다시 볶아야 속까지 간이 잘 밴다.

김말이

튀김의 지존! 떡볶이의 단짝 친구 김말이를 사먹는 것보다 훨씬 깨끗하고 담백하게 만들었습니다. 양파와 당근이 살캉거려 더 맛있어요.

재료 • 2인분(8개)

김 2장, 당면 50g, 양파·당근 10g씩, 물 6큰술, 튀김가루 5큰술, 간장 1작은술, 식용유 적당량

이렇게 만드세요

1. 당면은 30분간 물에 불린 뒤 끓는 물에 삶아 건져 2cm 길이로 자른다. ··TIP
2. 양파와 당근은 손질해 2cm 길이로 채 썬다.
3. 달군 팬에 식용유를 두르고 양파, 당근, 당면을 볶다가 간장을 넣어 섞는다.
4. 김은 가로로 한 번, 세로로 한 번 접은 크기로 자른다.
5. 김 위에 ③을 적당히 올린 뒤 돌돌 말아 끝부분에 물을 발라 붙인다. ··TIP
6. 튀김가루와 물을 섞어 튀김옷을 만든다.
7. ⑤에 튀김옷을 입혀 170℃의 식용유에 튀긴다.

1. 당면은 뻣뻣하므로 데친 뒤 가위로 자르면 수월하다.
5. 김 가장자리에 물을 묻히면 접착제 역할을 한다.

오징어튀김

마른 오징어를 불려 튀긴 오징어튀김은 반건조오징어처럼 쫄깃하고 진한 맛이 색다 릅니다. 튀김옷에 바질잎을 넣으면 유러피안 분위기가 물씬 납니다. 분식은 물론 맥주 와 잘 어울립니다.

재료 · 2인분

마른 오징어(몸통) 1마리, 튀김가루 · 물 · 식용유 적당량씩, 바질잎(또는 파슬 리가루) 약간, **양념장**(간장 · 식초 · 물 1큰술씩, 설탕 · 맛술 1작은술씩, 다진 실 파 · 다진 양파 약간씩)

이렇게 만드세요

1. 마른 오징어는 반나절 정도 물에 불려 1.5cm 두께로 자른다. ··TIP
2. 자른 오징어에 튀김가루와 다진 바질잎을 넣고 섞은 뒤 물을 부어 반죽한다. ··TIP
3. 170~180℃의 식용유에 오징어를 노릇하게 튀긴다.
4. 분량의 양념장 재료를 섞는다.
5. 접시에 오징어튀김을 담고 양념장을 곁들인다.

TIP

1. 마른 오징어는 충분히 물에 불려야 튀겼을 때 딱딱하지 않다.
2. 튀김옷을 따로 만들지 않고 불린 오징어 위에 바로 튀김가루와 물을 붓고 반죽하면 튀김옷 분량을 더 잘 맞출 수 있다.

스팸무수비

김밥만큼 익숙해진 주먹밥은 한 끼 식사 대용으로 그만입니다. 맛도 모양도 특별한 하와이식 주먹밥 무수비를 만들었어요. 스팸을 굽는 대신 데치고 양념에 조려 담백합니다. 전용 틀 대신 스팸 통을 활용해 쉽게 완성할 수 있답니다.

재료 · 3~4인분

스팸(작은 캔) 1개, 밥 3공기(630g), 깻잎 10장, 김 2와 1/2장, **양념**(물 3큰술, 간장 · 설탕 · 맛술 1작은술씩)

이렇게 만드세요

1 스팸은 모양대로 5등분으로 썰어 끓는 물에 살짝 데쳐 건진다.
2 냄비에 데친 스팸과 분량의 양념 재료를 넣고 끓인 뒤 약한 불로 줄여 조린다.
   ·· TIP
3 김은 반으로 자르고 깻잎은 씻어 물기를 제거한 뒤 2~3cm 길이로 자른다.
4 스팸 통에 랩을 깐 다음 밥을 1cm 두께로 넣고 깻잎을 몇 겹 올린 뒤 스팸을 넣는다. 다시 깻잎을 깔고 밥을 얹는다. ·· TIP
5 스팸 통 위에 김을 붙이고 뒤집어서 빼낸 뒤 테두리를 남은 김으로 감싼다.
   ·· TIP
6 완성한 무수비는 1cm 두께로 자른다.

TIP

2 스팸은 한 번 데쳐 짠맛과 기름기를 제거한 뒤 양념에 조리면 더 맛있다.
4·4-1 1cm 두께로 각 재료를 순서대로 배열해야 잘랐을 때 단면이 예쁘다.
5·5-1 속재료를 다 채운 뒤에는 스팸 통의 폭 길이로 자른 김을 붙여 뒤집어서 빼면서 자연스럽게 김으로 감싼다.

어묵탕

분식은 뭐니 뭐니 해도 맛보다 분위기죠. 어묵을 꼬치에 꽂아 냄비에 담으면 집에서도 사먹는 듯한 느낌을 연출할 수 있어요. 냄비가 작기 때문에 시판 부산오뎅은 반으로 잘라 꼬치를 만드세요.

재료 · 사인분

부산오뎅 300g, 멸치육수(만드는 법 P18 참고) 1ℓ, 무 100g, 양파 1/4개, 홍고추 1개, 간장 · 국간장 1/2큰술씩, 다진 마늘 1작은술, 실파 · 후춧가루 약간씩

이렇게 만드세요

1. 부산오뎅은 반으로 접어 꼬치에 지그재그로 끼운다. ··TIP
2. 무와 양파는 사방 3cm 크기로 썬다.
3. 홍고추는 반으로 길게 자르고 실파는 송송 썬다.
4. 냄비에 멸치육수와 부산오뎅, 무, 양파, 홍고추를 넣고 끓인 뒤 간장과 국간장으로 간한다.
5. 부산오뎅이 익으면 마지막에 다진 마늘을 넣어 한소끔 끓인 후 송송 썬 실파와 후춧가루를 넣는다.

TIP
1 어묵은 길이대로 반으로 접어 꼬치에 지그재그로 끼운다.

소박하지만 든든한
백반 한상

꽈리고추멸치볶음

마늘종무침

감자전

제육볶음

콩나물국

엄마의 손맛이 깃든
든든한 집밥

아플 때 그리운 엄마의 손맛처럼 집밥은 일류 레스토랑 요리보다 마음을 데워주는 힘입니다. 세련된 인테리어의 레스토랑보다 학교 앞, 회사 앞 백반집이 더 인기인 이유도 다름 아닌 '밥힘'이 아닐는지요. 매일 먹는 밑반찬도 메뉴를 센스 있게 짜면 유명 백반집처럼 정갈한 식탁이 완성됩니다. 고기반찬 하나로 힘주고 맛깔스러운 밑반찬 두어 가지만 챙겨 보세요. 흔한 음식이어도, 끼니마다 얼굴 마주하는 가족이어도 차려먹는 듯한 느낌은 색다른 분위기를 선사합니다.

꽈리고추멸치볶음

국민 밥반찬 멸치볶음은 부재료와 양념에 따라 다양하게 변신합니다. 꽈리고추를 넣고 간간하게 만든 멸치볶음은 매콤한 제육볶음과 잘 어울립니다. 물엿 대신 설탕을 넣어 부드럽게 볶았어요.

재료 · 2인분

꽈리고추 100g, 멸치(중간 크기) 30g, 식용유 2큰술, 간장 · 설탕 1큰술씩, 물 1작은술, 소금 1/2작은술, 홍고추(장식용) · 통깨 약간씩

이렇게 만드세요

1. 꽈리고추는 물로 깨끗이 씻어 큰 것은 꼭지를 떼고 어슷하게 반 자른 뒤 체에 받쳐 물기를 뺀다. ··TIP
2. 달군 팬에 식용유를 두르고 중간불에서 꽈리고추를 볶다가 소금을 넣는다. ··TIP
3. ②에 멸치를 넣고 볶는다.
4. 다른 팬에 간장, 설탕, 물을 넣고 파르르 끓으면 불을 끈 뒤 ③을 넣고 버무린다. 통깨를 뿌리고 송송 썬 홍고추를 얹어 완성한다.

TIP
1 크기가 큰 꽈리고추는 가위로 어슷하게 반 잘라야 간이 잘 밴다. 크기가 작은 것은 이쑤시개로 구멍을 낸다.
2 꽈리고추는 소금만 먼저 넣고 볶다가 양념을 넣어야 새파란 색이 유지된다.

마늘종무침

밥도둑 마늘종무침으로 입맛을 돋워보세요. 살짝 데친 마늘종을 새콤달콤한 고추장 양념으로 무쳐 아삭하게 만들었습니다. 건새우나 오뎅을 넣어도 맛있어요.

재료 · 2인분

마늘종 170g, 소금 1/2작은술, 깨소금 약간, **양념**(고추장 3작은술, 간장 2와 1/2작은술, 고춧가루 · 설탕 1작은술씩, 참기름 2/3작은술)

이렇게 만드세요

1 마늘종은 4~5cm 길이로 자른 뒤 물로 씻어 체에 밭친다.
2 끓는 물에 소금을 넣고 마늘종을 2분간 데쳐 찬물에 헹군다. ··TIP
3 볼에 분량의 양념 재료를 담고 설탕이 녹을 때까지 잘 섞는다.
4 ③에 마늘종을 넣고 버무린 뒤 깨소금을 뿌려 완성한다.

TIP

2 마늘종은 데친 뒤 양념에 무쳐야 물이 생기지 않아 아삭하다.

감자전

한정식집처럼 작고 정갈하게 부친 감자전. 간 감자에 녹말가루를 더하면 반죽이 질지 않아 요리 초보자도 쉽게 부칠 수 있어요. 취향에 따라 초간장을 곁들이면 더 맛있게 먹을 수 있답니다.

재료 · 2인분
감자 2개, 녹말가루 2큰술, 식용유 적당량씩, 소금 · 청 · 홍고추 약간씩

이렇게 만드세요
1. 감자는 감자 칼로 껍질을 벗겨 강판에 간다. ·· TIP
2. 간 감자는 체에 밭쳐 물기를 뺀 다음 아랫물은 버리고 건더기는 녹말가루와 소금을 넣고 섞는다.
3. 청고추와 홍고추는 얇게 송송 썬다.
4. 달군 팬에 식용유를 두르고 ②를 숟가락으로 떠 먹기 좋은 크기로 부친다.
5. 감자전 위에 고추를 올린 뒤 뒤집어 반대쪽도 노릇하게 익힌다.

TIP

1 감자는 믹서보다 강판에 갈면 부쳤을 때 입자가 살아서 더 맛있다. 또한 갈변 현상도 덜하다.

제육볶음

저녁상의 메인 요리로, 술안주로도 훌륭한 제육볶음. 고기는 생강가루와 청주로 밑간한 뒤 양념하면 특유의 냄새가 나지 않아요. 취향에 따라 배 또는 사과즙을 넣으면 풍미가 좋아집니다.

재료 · 2인분

돼지고기(제육용 목살) 500g, 양파 1/4개, 대파(흰 부분) 10cm 길이 1개, 식용유 적당량, 생강가루 · 청주 약간씩, **양념**(고추장 4큰술, 고춧가루 · 다진 마늘 · 간장 · 설탕 · 올리고당 1큰술씩)

이렇게 만드세요

1. 돼지고기는 생강가루와 청주를 넣고 버무려 밑간한다.
2. 볼에 분량의 양념 재료를 넣고 섞은 뒤 ①에 넣고 조물조물해 30분 이상 재운다.
   ·· TIP
3. 양파는 채 썰고 대파는 어슷 썬다.
4. 달군 팬에 식용유를 두르고 중간불에서 목살과 양파를 충분히 볶아준 뒤 센 불에서 대파를 넣고 볶아 완성한다.

TIP
2 고기는 먹기 하루 전에 양념한 뒤 볶으면 더욱 맛있다.

콩나물국

푸짐한 일품 요리가 많아도 밥 먹을 때 뜨끈한 국물은 빠질 수 없지요. 해장국으로 유명한 콩나물국은 빠르고 간단하게 만들 수 있을 뿐 아니라 어떤 요리와도 잘 어울려 활용도가 높지요. 콩나물 꼬리를 다듬으면 상에 냈을 때 정갈해요.

재료 · 4인분

콩나물 200g, 멸치육수(만드는 법 P18 참고) 1ℓ, 국간장 1큰술, 다진 마늘 1/2큰술, 소금 · 홍고추 · 실파 약간씩

이렇게 만드세요

1. 콩나물은 물로 씻어 꼬리를 다듬는다.
2. 홍고추는 모양을 살려 송송 썰고 실파는 가늘게 채 썬다.
3. 냄비에 멸치육수를 담고 콩나물을 넣은 뒤 뚜껑을 덮어 5분간 끓인다.
4. 뚜껑을 열고 국간장, 다진 마늘과 소금을 넣어 간한다. ··TIP
5. 그릇에 콩나물국을 담고 송송 썬 홍고추와 실파를 띄운다.

TIP

4. 콩나물은 뚜껑을 덮어서 5분간 끓인 뒤 열어야 비린내가 나지 않는다.

퇴근 후 맥주 한 잔!
이자카야 술안주

양배추샐러드

오코노미야키

고기튀김

밤햄튀김

부타지루

내 손으로 만들어 대접하는
건강한 술상

치킨과 맥주만큼 일본식 선술집, 이자카야가 큰 인기이지요. 일본 음식 특유의 감칠맛과 담백함으로 특히 여자들이 즐기는 새로운 술 문화로 자리 잡고 있습니다. 쌀쌀해진 가을 밤, 친한 친구 또는 연인을 초대해 따뜻한 정종 한 잔과 오코노미야키를 먹으며 이야기꽃을 피워봐요. 업무에 지쳐 퇴근한 저녁, 정성껏 준비한 요리와 술 한잔은 피곤한 몸을 가뿐하게 하는 피로 회복제와 같습니다. 기름에 지지고 튀긴 음식이 많아 담백하게 먹을 수 있는 부타지루를 곁들이는 센스를 발휘했습니다.

STYLING IDEA

동네 이자카야처럼 정감 있고 편안한 분위기의 테이블세팅을 해보자. 나무 매트와 도자기 그릇은 일본풍 식탁을 대변하는 소품이다. 꼭 일본 소품이 아니더라도 동양적인 느낌을 주는 화병이나 냅킨 등을 활용한다.

1 나무 매트 스타일링

연한 컬러의 나무 매트와 일본 식기로 아기자기하면서도 소박한 분위기를 연출했다. 컵과 나무젓가락 역시 나무 계열을 골라 놓는다.

2 일본 소품으로 힘주기

여행에서 사왔던 티매트, 꽃병, 도자기 장식 등 빈티지하거나 귀여운 소품을 테이블 위에 코디해보자.

양배추샐러드

튀김 요리 먹을 때 느끼함을 없애줄 수 있는 양배추샐러드예요. 간장소스가 담백해 샐러드만 따로 먹기보다는 피클처럼 메인 요리에 곁들여 먹으면 좋아요.

재료 · 2인분

양배추 1/4개, **소스**(간장 50㎖, 맛술 3큰술, 올리고당 1큰술, 식초 1/2큰술, 다진 마늘 1작은술, 생강즙(또는 생강가루) 약간)

이렇게 만드세요

1. 양배추를 씻어 물기를 제거한 뒤 양배추 칼이나 감자 칼로 채 썬다. ··TIP
2. 볼에 분량의 소스 재료를 넣고 섞는다.
3. 양배추와 소스를 따로 담아 각자 취향에 맞게 소스를 부어 먹는다.

TIP

1 양배추 전용 칼을 이용하면 가늘게 채칠 수 있다. 감자 칼을 이용해도 좋다.

오코노미야키

일본식 빈대떡 오코노미야키는 미리 만들어둔 가쓰오부시육수만 있으면 냉장고 속 재료를 다양하게 넣어 개성 있게 만들 수 있어요.

재료 · 2인분

양배추 100g, 밀가루 60g, 가쓰오부시육수(만드는 법 P19 참고) 120㎖, 달걀 1개, 오징어(몸통) 1마리, 흰다리새우 6마리, 베이컨 3~4장, 가쓰오부시 10g, 식용유 적당량, 마요네즈 · 파래가루 약간씩, **소스**(우스터소스 5큰술, 토마토케첩 4큰술, 청주 1큰술, 설탕 · 올리고당 2작은술씩, 핫소스 1작은술)

이렇게 만드세요

1. 냄비에 분량의 소스 재료를 넣고 걸쭉해질 때까지 끓인다.
2. 양배추는 양배추 칼이나 감자 칼로 채 썬다. 베이컨은 작게 자른다.
3. 오징어는 내장을 빼고 손질해 잘게 썬다. 흰다리새우는 머리와 껍질을 벗기고 3등분한다.
4. 가쓰오부시육수에 달걀을 넣고 섞는다. ··TIP
5. ④에 양배추, 베이컨, 오징어, 흰다리새우를 한꺼번에 넣고 섞는다. ··TIP
6. 밀가루를 넣고 고루 섞어 반죽한다.
7. 달군 팬에 식용유를 두르고 반죽을 앞뒤로 노릇하게 지진다.
8. 접시에 오코노미야키를 담고 소스를 골고루 바른다.
9. 그 위에 마요네즈를 뿌리고 가쓰오부시와 파래가루를 뿌려 완성한다.

TIP

4. 달걀물과 가쓰오부시육수를 미리 섞어둬야 오코노미야키를 만들었을 때 맛이 부드럽다.
5. 달걀물과 해산물, 채소를 섞은 뒤 마지막에 밀가루를 넣어야 반죽이 잘 섞인다.

고기튀김

참기름으로 밑간해 고소한 고기튀김은 2번 튀기면 더욱 바삭하고 맛있어요. 튀김만 먹어도 맛이 훌륭하지만 샐러드 위에 토핑으로 얹어도 꽤 괜찮아요.

재료 · 2인분

소고기(잡채용) 150g, 참기름 1/3작은술, 소금 · 후춧가루 약간씩, 튀김가루 120g, 물 150㎖, 식용유 적당량

이렇게 만드세요

1 소고기는 참기름과 소금, 후춧가루를 넣어 조물조물해 밑간한다. ··TIP
2 튀김가루와 물을 섞어 튀김옷을 만든다.
3 튀김옷에 밑간한 소고기를 버무려 180℃의 식용유에 노릇하게 튀긴다.
4 고기튀김을 그릇에 담고 소금을 솔솔 뿌려 완성한다.

TIP
1 참기름으로 밑간하면 고기가 부드러워지고 맛이 고소하다.

밤햄튀김

통조림 밤을 햄이나 베이컨에 돌돌 말아 튀기면 쉽고 간단하게 맛있는 안주가 완성됩니다. 아이들이 좋아하는 밥반찬으로, 술안주로 잘 어울려 힘껏 추천합니다.

재료 · 2인분

밤(통조림) 10개, 샌드위치햄 5장, 물 7큰술, 튀김가루 6큰술, 식용유 적당량

이렇게 만드세요

1 햄은 반으로 자른다.
2 햄 위에 밤을 올리고 돌돌 말아서 이쑤시개로 고정한다. ··TIP
3 튀김가루와 물을 섞어 반죽을 만든다.
4 ②에 튀김옷을 입힌 다음 180℃의 식용유에 튀겨 기름기를 제거한다.
5 튀김의 이쑤시개를 뺀 다음 반으로 잘라 완성한다. ··TIP

2 햄으로 만 밤을 이쑤시개로 고정해 튀겨야 모양이 잡힌다.
5 튀긴 뒤에는 이쑤시개를 빼고 단면이 보이도록 잘라야 먹음직스럽다.

부타지루

돼지고기를 넣어 풍미가 좋은 일본식 된장국입니다. 일본 라멘 국물 맛을 느낄 수 있는 초간단 국물 요리로 우엉을 채 썰어 넣어도 맛있어요.

재료 • 3~4인분

돼지고기(대패 삼겹살) 120g, 무 50g, 당근 30g, 유부 3장, 미소된장 3과 1/2큰술, 가쓰오부시육수(만드는 법 P19 참고) 600㎖, 실파 약간

이렇게 만드세요

1. 돼지고기는 4cm 폭으로 썬다.
2. 유부는 끓는 물에 살짝 데친 뒤 키친타월로 눌러 물기를 뺀 다음 1cm 폭의 직사각형 모양으로 자른다.
3. 무와 당근은 깨끗이 씻어 폭 1cm, 길이 3cm로 자른다. 실파도 사선으로 가늘게 썬다. ••TIP
4. 냄비에 돼지고기를 담고 중간불에서 볶는다.
6. 고기가 익으면 가쓰오부시육수를 넣고 무와 당근, 유부를 넣어 끓인다.
7. 작은 볼에 국물을 조금 덜고 미소된장을 풀어 ⑥에 넣고 끓인다. ••TIP
8. 그릇에 담고 실파를 띄운다.

TIP

3 채소는 같은 사이즈로 잘라야 보기도 좋고 먹기도 편하다.
7 미소된장은 잘 풀어지지 않으므로 국물을 조금 덜어 푼 뒤 다시 냄비에 붓는다.

두고두고 칭찬 받는
집들이 요리

새우브로콜리냉채

파인애플드레싱샐러드

유린기

돼지갈비조림

닭볶음탕

파볶음밥

마늘 · 치즈홍합구이

애플와인잼

통과의례 집들이도 나만의 스타일로!

결혼은 일생일대의 숙제이지요. 평생 단짝을 찾은 기쁨은 가족, 친구, 직장 동료와 나눌수록 좋아요. 하지만 된장찌개 한 번 끓여보지 않은 용감한 솜씨로 치르는 집들이는 그만큼 고민이 많습니다. 배달 음식을 시키기는 머쓱하고, 마트에서 반조리식품을 사기도 창피할 때는 확실한 메뉴를 짜서 미리 연습해보세요. 음식의 맛보다 새롭고 스타일리시한 음식 구성만으로도 칭찬받을 수 있어요. 소중한 사람들을 초대해 맛깔난 음식을 함께 맛보며 달콤한 신혼 이야기를 나누는 시간은 잊지 못할 추억이 됩니다.

STYLING IDEA

집들이는 규모가 작고 매우 프라이빗한 행사다. 가까운 지인들과 '가정'의 출발을 축하하는 자리인 만큼 대부분이 모던하고 단정한 스타일을 선호한다. 파스텔 컬러의 테이블보와 유리 그릇을 이용해 심플하게 상을 차리고 주방 벽에 환영의 마음을 담은 레터링이나 종이 장식으로 포인트를 준다.

1 실용적인 종이 팝업 볼

모던하고 심플한 세팅은 자칫 밋밋해 보일 위험이 있어 소품으로 힘을 주면 좋다. 집들이에 어울리는 오브제를 천장 또는 식탁 가운데에 두어 특별한 느낌을 연출한다. 종이 팝업 장식은 한 가지 컬러로 통일하되 높낮이를 달리하면 세련되어 보인다.

2 모던한 느낌의 접시 레이어드

고급스러운 푸른빛이 도는 투명 접시를 두 가지 크기로 겹쳐 모던한 느낌을 살렸다. 접시 위에 답례품으로 준비한 수제 잼을 올려 한껏 정성스러운 테이블 데커레이션을 완성했다.

새우브로콜리냉채

여름철 시원하게 즐기는 냉채 요리로 애피타이저로도 활용도가 높아요. 식초나 겨자 대신 양파를 갈아서 만든 드레싱은 담백하면서도 맛이 상큼해요. 냉장고에서 1시간 이상 두었다 차게 내면 더욱 맛있습니다.

재료 • 3~4인분

칵테일 새우 100g, 브로콜리 · 콜리플라워 50g씩, 청주 · 소금 약간씩, **드레싱**(양파 100g, 식초 1큰술, 설탕 2작은술, 소금 약간)

이렇게 만드세요

1 양파는 껍질을 벗기고 적당한 크기로 썰어 30분간 찬물에 담가 건진다. ··TIP
2 양파와 분량의 드레싱 재료를 믹서에 넣고 간다.
3 끓는 물에 청주를 약간 넣고 칵테일 새우를 데쳐 식힌다.
4 브로콜리와 콜리플라워는 먹기 좋은 크기로 썰어 씻는다.
5 끓는 물에 소금을 넣고 브로콜리와 콜리플라워를 살짝 데쳐 체에 밭친다.
6 볼에 칵테일 새우, 브로콜리, 콜리플라워를 담고 드레싱을 넣어 버무린 뒤 냉장보관한다. ··TIP

1 양파는 30분 정도 물에 담가 건져야 매운맛을 없앨 수 있다.
6 데친 새우는 찬물에 헹구지 않고 그대로 식혀 소스에 버무린 뒤 냉장고에 차게 두어야 맛있다.

파인애플드레싱샐러드

과일을 베이스로 한 드레싱은 상큼해 어떤 채소 샐러드와도 궁합이 좋아요. 파인애플을 갈아 달콤하면서도 시원한 맛을 내는 드레싱과 튀긴 만두피의 바삭한 식감이 색달라요. 찐 닭가슴살 등을 함께 내도 좋아요.

재료 • 4인분

샐러드채소 400g, 사과 약간, 만두피 6장, 식용유 적당량, **드레싱**(파인애플 통조림 1캔(130g), 마요네즈 4큰술, 레몬즙 1큰술, 씨겨자 약간)

이렇게 만드세요

1 샐러드채소는 물로 씻어 체에 밭쳐 물기를 제거한다.
2 사과는 깨끗이 씻어 껍질째 슬라이스해 부채꼴 모양으로 썬다.
3 만두피는 가늘게 채 썰어 170℃의 식용유에 노릇하게 튀긴다. ••TIP
4 믹서에 분량의 재료를 넣고 갈아 파인애플드레싱을 만든다.
5 접시에 샐러드채소와 사과를 담고 튀긴 만두피를 올린 뒤 드레싱을 붓는다.

TIP

3 만두피나 춘권피는 모양 틀에 찍거나 채 썰어 튀기면 과자처럼 바삭하다. 또한 샐러드 등의 장식으로 활용하기 좋다.

유린기

매콤한 맛의 유린기는 밥반찬은 물론 술안주로도 좋아 집들이 단골 메뉴입니다. 고추와 파를 넣은 소스가 닭고기의 느끼함을 잡아주지요. 양상추 대신 베이비채소, 로메인, 상추 등 어떤 채소를 곁들여도 잘 어울려요.

재료 · 2인분

닭고기(다리살) 3~4장, 녹말가루 100g, 양상추 1/4개, 홍 · 청고추 1개씩, 다진 파 1큰술, 식용유 적당량, **밑간 양념**(청주 1큰술, 간장 1/2큰술, 후춧가루 약간), **소스**(물 3큰술, 식초 · 간장 2큰술씩, 설탕 1큰술)

이렇게 만드세요

1. 양상추는 0.5cm 폭으로 썬다. 고추는 씨를 빼고 동글게 모양을 살려 0.1cm 폭으로 썬다.
2. 볼에 분량의 소스 재료를 넣고 설탕이 녹을 때까지 섞은 뒤 썬 고추와 다진 파를 넣어 소스를 만든다.
3. 닭다리살은 밑간 양념을 넣고 버무려 30분 이상 잰다. ••TIP
4. ③을 녹말가루에 묻혀 170℃의 식용유에 노릇하게 튀긴 뒤 키친타월에 올려 기름기를 제거해 1cm 폭으로 썬다.
5. 접시에 양상추를 소복하게 깔고 튀긴 닭다리살을 얹은 뒤 소스를 뿌린다.

TIP

3 밑간한 닭다리살은 녹말가루를 앞뒤로 꼭꼭 눌러 묻힌 뒤 탁탁 털어 튀겨야 튀김옷이 두껍지 않고 파삭하다.

돼지갈비조림

가족을 위한 보양식으로 손님상에 올리기에도 좋은 메뉴예요. 센 불로 국물이 없어질 때까지 졸이면 밥반찬으로도 손색없어요. 너무 오래 졸이면 짜지므로 소스가 걸쭉한 농도일 때까지 졸이는 게 포인트예요.

재료 · 2~3인분

돼지갈비 400g, 마른 고추 2개, 양파 1/2개, 청주 5큰술, 소금 1작은술, 식용유 · 후춧가루 약간씩, **소스**(물 12큰술, 설탕 4큰술, 간장 3큰술, 생강 약간)

이렇게 만드세요

1 돼지갈비는 뼈를 하나씩 떼어 손질한 뒤 찬물에 30분간 담가 건진다.
2 핏물을 뺀 돼지갈비는 뼈 양쪽에 칼집을 넣은 뒤 청주, 소금, 후춧가루를 넣고 밑간한다. ··TIP
3 마른 고추는 적당한 크기로 자르고 양파는 2cm 폭으로 채 썬다.
4 볼에 분량의 소스 재료를 모두 넣고 고루 섞는다.
5 달군 팬에 식용유를 두르고 센 불에서 돼지갈비를 앞뒤로 노릇하게 굽는다. ··TIP
6 ⑤에 소스를 넣고 중간불에서 걸쭉해질 때까지 졸이다가 채 썬 양파와 고추를 넣어 완성한다.

TIP

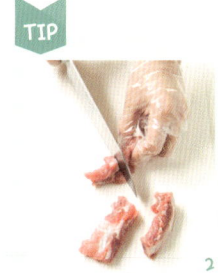

2 돼지갈비는 뼈에 닿을 때까지 칼집을 넣어야 간이 잘 밴다.
5 센 불에서 돼지갈비의 겉면을 고루 익혀야 육즙이 빠지지 않고 누린내가 안 난다. 또한 겉면이 노릇해지면 불을 줄여 중간불에서 익혀야 속은 부드럽고 겉은 바삭해 맛있다.

닭볶음탕

칼칼하고 담백한 맛이 밥과 술을 부르는 닭볶음탕을 소개합니다. 닭고기를 끓는 물에 살짝 데쳐 기름기와 잡냄새를 잡았어요. 남은 양념에 밥을 비벼 먹어도 맛있고 김가루와 참기름을 넣고 볶음밥을 만들어도 좋아요.

재료 · 2~3인분

닭고기(볶음용) 500g, 감자 1개, 당근 · 양파 1/2개씩, 대파(흰 부분) 10cm 길이 1개, 청 · 홍고추 1개씩, 참기름 약간, 물 500㎖, **양념**(간장 3큰술, 설탕 2/3큰술, 고춧가루 · 고추장 1큰술씩, 다진 마늘 · 맛술 1작은술씩)

이렇게 만드세요

1 닭고기는 끓는 물에 1분간 데쳐 찬물에 헹군 다음 체에 밭친다. ··TIP
2 감자와 당근은 밤톨 크기로 잘라 칼로 모서리를 둥글게 손질한다. ··TIP
3 대파와 청 · 홍고추는 어슷 썰고 양파는 사방 3cm 크기로 썬다.
4 볼에 물 200㎖와 분량의 양념 재료를 넣고 섞는다.
5 냄비에 데친 닭고기와 감자, 양념을 넣고 센 불에서 끓인다. ··TIP
6 바글바글 끓으면 나머지 물 300㎖와 당근, 양파와 청 · 홍고추 절반을 넣고 조린다.
7 국물이 자작해지면 참기름을 넣은 뒤 남은 청 · 홍고추와 대파를 얹는다.

TIP

1 닭고기는 끓는 물에 살짝 데치면 기름기가 빠져 담백하다.
2 감자와 당근은 모서리를 둥글게 손질해야 볶으면서 서로 부딪혀서 깨지지 않는다.
5 처음부터 물을 다 넣으면 졸아들므로 양념물로 간이 배게 한 뒤 나머지 물을 부어 재료를 익힌다.

파볶음밥

파로 향을 낸 달걀볶음밥은 냉장고 속 재료로 후다닥 만들 수 있어요. 처음부터 끝까지 센 불에서 달걀물을 붓고 파와 밥을 넣고 빠르게 볶아 완성하세요. 파만 넣어도 충분히 감칠맛이 나지만 새우나 게살 등을 넣어도 맛있어요.

재료 1인분
밥 1공기(210g), 달걀 1개, 대파(흰 부분) 10cm 길이 1개, 식용유 3큰술, 굴소스 1큰술, 소금·후춧가루 약간씩

이렇게 만드세요
1 볼에 달걀을 푼다. 파는 0.2cm 폭으로 둥근 모양을 살려 송송 썬다.
2 달군 팬에 식용유를 두르고 나무젓가락을 넣어 기포가 날 정도로 달궈지면 센 불에서 달걀물을 넣고 재빨리 휘저어 익힌다. ••TIP
3 ②에 송송 썬 파를 넣고 빠르게 볶는다.
4 밥을 넣고 볶다가 굴소스를 넣어 고루 섞은 뒤 소금과 후춧가루로 간한다.
  ••TIP

2 기름이 충분히 달궈졌을 때 달걀물을 넣어야 완성했을 때 기름 냄새가 나지 않고 파삭하다.
4 밥을 넣고 센 불에서 재빨리 섞어야 밥알이 찐득해지지 않는다.

마늘홍합구이

고소한 버터와 마늘 향이 어우러진 홍합구이는 뷔페의 핑거 푸드로 인기죠. 바다향이 물씬 나는 홍합 위에 소보로처럼 얹어진 빵가루의 풍미가 일품입니다. 빠르게 만들 수 있고 폼 나는 요리여서 요리 초보자에게 적극 추천합니다.

재료 · 2인분
그린 홍합 8~10개, 버터 30g, 빵가루 5큰술, 다진 마늘 1큰술, 소금 · 후춧가루 약간씩

이렇게 만드세요
1 그린 홍합은 소금물에 담가 해동한 뒤 흐르는 물에 살짝 헹군다. 껍질을 엎어 물기를 제거한다.
2 실온에 둔 버터를 볼에 담고 빵가루, 다진 마늘, 소금, 후춧가루를 넣어 고루 섞는다. ••TIP
3 홍합 위에 ②를 적당히 얹고 200℃로 예열한 오븐에서 10~12분간 굽는다(에어프라이어 이용 시 아래 종이호일을 깔고 180℃로 10분).

TIP
2 소스는 소보로처럼 빡빡한 정도의 농도일 때 맛있다.

치즈홍합구이

깔끔한 맛의 마늘홍합구이와는 다른 매력을 느낄 수 있는 치즈홍합구이입니다. 날치알이 톡톡 씹히면서 치즈의 풍미가 더해져 훌륭한 맛이 나요.

재료 · 2인분

그린 홍합 8~10개, 마요네즈 6큰술, 다진 양파 4큰술, 날치알 · 레몬즙 2작은술, 설탕 1작은술, 모차렐라치즈 적당량, 소금 · 후춧가루 약간씩

이렇게 만드세요

1 그린 홍합은 소금물에 담가 해동한 뒤 흐르는 물에 살짝 헹군다. 껍질을 엎어 물기를 제거한다.
2 볼에 마요네즈, 다진 양파, 날치알, 레몬즙, 설탕, 소금, 후춧가루를 넣고 섞는다.
3 홍합 위에 ②의 소스를 얹고 모차렐라치즈를 뿌린다. ··TIP
4 200℃로 예열한 오븐에서 10~12분간 굽는다(에어프라이어 이용 시 아래 종이호일을 깔고 180℃로 10분).

TIP

3 소스는 홍합살이 보이지 않게 두껍게 덮어야 홍합살이 코팅되어 물이 생기지 않고 소스도 익어 풍미가 좋아진다.

애플와인잼

집들이에 온 손님에게 답례품으로 음식 선물을 전하는 감각을 발휘해봐요. 사과에 와인을 넣고 조리면 쌉쌀하면서도 깊은 맛이 나는 잼을 만들 수 있어요. 사과의 당도에 맞춰 설탕 양을 조절하세요.

재료 • 2인분
사과 4개, 레드와인 350㎖, 설탕 80g, 시나몬스틱 1개, 레몬즙 1큰술

이렇게 만드세요
1 사과는 껍질을 벗기고 씨를 제거한 뒤 작게 썬다.
2 냄비에 사과와 나머지 모든 재료를 넣고 센 불에서 끓인다.
3 재료가 끓기 시작하면 중간불에서 뚜껑을 열고 20분간 졸인다.
4 ③이 식으면 시나몬스틱은 건져낸 뒤 믹서에 간다.

특별한 감동 가득,
결혼 후 첫 생일

미역국

시과배샐러드

마늘닭

부추잡채

사랑하는 나의 배우자를 위한
정성 가득 생일상

세상에서 가장 친한 단짝의 생일이네요. 매년 으레 차리는 생일 밥도, 외식하는 것도 시들할 때 특별한 감동을 주는 건 어떨지요. 우리 가족의 홈그라운드에서 평소와는 다른 이벤트를 열어보아요. 고기를 좋아하는 배우자를 위해 오늘은 에지 있는 고기 요리를 선보여도 좋습니다. 달콤한 마늘닭과 매콤한 부추잡채, 그리고 시원한 샐러드로 메뉴의 변화를 주는 것만으로도 코끝 찡한 이벤트가 완성됩니다. 평소에 잘 쓰지 않던 테이블매트와 카드 한 장만 얹어놓아도 '나를 위해 많이 준비했구나'라는 인상을 줄 수 있어요.

미역국

생일상에는 불고기 등의 고기 요리가 반드시 등장하죠. 참기름 없이 소고기를 볶아 끓인 미역국은 국물이 깔끔해 메인 요리와 함께 곁들이면 개운합니다.

재료 · 3~4인분

소고기(양지머리) 300g, 마른 미역 15g, 물 800㎖, 다진 마늘 1/2작은술, 국간장 · 후춧가루 약간씩, **고기 밑간**(국간장 1큰술, 후춧가루 약간), **미역 양념**(국간장 2작은술, 후춧가루 약간)

이렇게 만드세요

1. 마른 미역은 찬물에 15분간 불려 먹기 좋은 크기로 썬다.
2. 불린 미역은 국간장과 후춧가루를 넣고 조물조물 무친다.
3. 양지머리는 2~3cm 크기로 썰어 밑간 양념을 넣고 무친다.
4. 냄비에 양지머리를 넣고 1분간 볶다가 미역을 넣고 볶는다. 물 200㎖를 붓고 센 불에서 10분간 푹 끓인다.
5. 국이 끓으면 나머지 물을 붓고 중간불에서 푹 끓이다가 국간장, 다진 마늘, 후춧가루를 넣고 간한다.

사과배샐러드

한식파인 남편의 입맛을 사로잡을 겉절이 스타일 샐러드예요. 홍고추와 멸치액젓을 넣어 칼칼한 드레싱이 물김치처럼 시원해요. 매콤한 맛의 드레싱은 달콤한 과일과 향이 강한 채소의 맛이 어우러지게 돕습니다.

재료 · 나인분

사과 1/2개, 오이 1/3개, 배 · 양파 1/4개씩, 상추 · 부추 50g씩, **드레싱**(홍고추 2개, 다진 양파 · 식초 5큰술씩, 설탕 · 멸치액젓 1큰술씩, 다진 마늘 1작은술, 소금 1/2작은술)

이렇게 만드세요

1. 사과와 배, 양파는 씻어 껍질을 벗기고 가늘게 채 썬다. 오이는 껍질째 씻어 둥글고 얇게 썬다.
2. 상추는 씻어 적당한 크기로 손으로 뜯고 부추는 손질해 4cm 길이로 썬다.
3. 믹서에 홍고추와 식초를 넣고 간다. ··TIP
4. ③에 다진 양파, 설탕, 멸치액젓, 다진 마늘, 소금을 넣고 섞어 드레싱을 만든다.
5. 볼에 사과와 배, 양파, 상추, 부추를 담고 드레싱을 넣어 버무린다.

3 홍고추를 다지는 것보다 갈아서 드레싱을 만들면 시원하다. 홍고추는 물기가 있어야 잘 갈리므로 식초를 넣고 간다.

마늘닭

바삭바삭한 치킨과 소스의 달콤한 맛이 어우러진 마늘닭은 요즘 대세입니다. 닭을 튀기지 않고 기름에 지져 다이어트하는 사람도 부담없이 즐길 수 있어요.

재료 · 3~4인분

닭고기(다리살) 4~5장, 통마늘 5개, 대파 50g, 청주 · 소금 · 후춧가루 약간씩, 녹말가루 130g, 식용유 적당량, **소스**(맛술 200㎖, 간장 · 레몬즙 1작은술씩, 생강 약간)

이렇게 만드세요

1. 닭 넓적다리 부위는 칼로 저며 넓게 펼친 다음 청주, 소금, 후춧가루를 넣고 조물조물해 30분간 잰다.
2. 마늘은 편 썰고 파는 대 부분만 골라 5cm 길이로 자른 뒤 심을 제외한 부분을 겹겹이 쌓아 채 썬다.
3. 달군 팬에 식용유를 넉넉히 두르고 약한 불로 낮춰 마늘을 튀긴 뒤 건진다. ·· TIP
4. 밑간한 닭고기는 녹말가루를 앞뒤로 묻혀 ③의 팬에 살코기 면을 먼저 넣고 앞뒤로 지진다. ·· TIP
5. 다른 팬에 맛술과 편 썬 생강을 넣고 끓이다 걸쭉해지면 간장을 넣고 불을 끈 뒤 레몬즙을 섞는다. ·· TIP
6. ⑤의 팬에 구운 닭고기를 넣고 앞뒤로 소스를 묻힌다.
7. 접시에 구운 닭고기를 담고 튀긴 마늘을 뿌린 뒤 파채를 얹는다.

3 마늘은 약한 불에서 오래 튀겨야 타지 않고 바삭하다.
4 닭고기를 구울 때 껍질 쪽부터 팬에 닿으면 살이 오그라들기 때문에 살코기 면부터 익힌다.
5 처음부터 간장을 넣으면 간이 강해지므로 마지막에 넣는다.

부추잡채

최소한의 재료로 맛도 좋고 보기도 좋은 부추잡채를 만들었어요. 고추잡채보다 훨씬 담백한 것이 특징이죠. 푸짐한 등심과 아삭한 부추가 식감을 자극해요. 꽃빵과 곁들여 먹는 음식이므로 간을 좀 강하게 하세요.

재료 · 2~3인분

돼지고기(등심) 150g, 꽃빵 6개, 호부추 2단, 양파 1개, 식용유 5큰술, 달걀흰자 1/2개, 녹말가루 1큰술, 참기름 · 후춧가루 약간씩, **고기 양념**(청주 2큰술, 식용유 1큰술, 간장 · 설탕 1작은술씩), **소스**(굴소스 · 맛술 1큰술씩, 간장 1/2큰술, 설탕 1/2작은술)

이렇게 만드세요

1. 등심은 0.3cm 폭으로 채 썬 뒤 고기 양념을 넣고 주물러 30분간 잰다.
2. 호부추는 4cm 길이로 썰어 뿌리와 잎을 나눈다. 양파는 껍질을 벗겨 채 썬다. ··TIP
3. 밑간한 고기에 달걀흰자와 녹말가루를 넣어 섞는다. ··TIP
4. 달군 팬에 식용유를 넣고 센 불에서 고기를 튀기듯이 볶다가 부추 뿌리, 양파, 부추 잎 순으로 넣고 소금 간하며 볶는다.
5. 분량의 소스 재료를 모두 섞어 ④에 넣고 잘 버무린 뒤 참기름과 후춧가루를 넣고 마무리한다. 그릇에 담고 꽃빵을 곁들인다.

TIP

2 호부추는 뿌리를 먼저 볶다가 나중에 잎을 볶아야 하므로 손질할 때 미리 잎과 뿌리를 나눠둔다.

3 밑간한 고기에 달걀흰자와 녹말가루를 넣고 반죽하면 윤기가 나고 맛도 좋아진다.

음식으로 효도하기,
어버이날 상차림

연어깻잎쌈

청포묵무침

녹두전

버섯전골

매콤오징어무침

밤양갱

감사의 식탁에 스타일을 담아라

누구나 부모님의 진심은 알면서도 나이 불문하고 불퉁거리게 됩니다. 늘 투정부려도 내 편이 되어주는 부모님의 은혜를 '철든 밥상'으로 갚는 어버이날입니다. 감사의 마음은 밥 한 끼 함께 하며 전하는 게 제일 자연스러워요. 근사한 레스토랑에서 폼나게 대접하고 싶지만 주머니 사정이 넉넉지 않을 때 정갈한 집밥으로 마음을 나누세요. 부모님 입맛에 맞는 한식 밥상을 차려 따뜻한 말 한마디 건네는 것만으로도 큰 힘이 됩니다.

STYLING IDEA

홈 파티는 우리 집 인테리어에 어울리는 플레이트와 꽃만 잘 선택해도 그 효과가 배가 된다. 특히 꽃은 가장 간편하고 쉬운 데코 아이템이다. 꽃 센터피스는 요리보다 더 부각되면 부담스러우므로 커피잔이나 그릇을 이용해 낮지만 풍성하게 꽂아 식탁 위에 올려두면 파티 준비가 완료된다.

1 압화로 접시 레이어드

초대받았을 때 어디 앉을까 우왕좌왕하기 쉽다. 네임카드를 두어 지정석을 만들면 이를 막을 수 있을 뿐 아니라 한결 배려심이 느껴진다. 화이트 컬러 접시 위에 말린 꽃과 부모님 성함을 적은 네임카드를 올린 뒤 작은 사이즈의 투명 접시를 올려보자. 아날로그 느낌이 물씬 풍긴다.

2 꽃 센터피스로 힘주기

꽃 연출은 공간의 느낌을 해치지 않는 선에서 자연스럽게 데커레이션하는 것이 좋다. 꽃이 과도하게 주목받지 않도록 오븐 용기, 커피잔 등 그릇을 이용해 낮게 꽂는다. 꽃의 컬러는 테이블보나 식탁, 접시 컬러와 톤온톤으로 매치해야 세련되어 보인다.

● **꽃 센터피스 만들기**

1. 오븐 용기에 물을 1/3 정도 채우고 테이프를 바둑판 모양으로 붙인다.
2. 용기 높이에서 3cm 정도 올라오도록 꽃줄기를 자른다. 이때 끝부분은 사선으로 자른다.
3. 입체감이 있는 맨드라미 등으로 중심을 잡고 가장자리에 장미, 수국 등을 꽂아 면을 채운다.

연어깻잎쌈

깻잎에 가위집을 살짝 내고 세워 핑거푸드로 만든 연어쌈이에요. 일반적인 홀랜다이즈 소스 대신 유자드레싱을 얹어 새콤달콤한 맛을 냈어요. 겨자장을 곁들여도 잘 어울려요.

재료 · 사인분

훈제 연어 200g, 깻잎 20장, 새싹채소 약간, **드레싱**(유자청 1과 1/2큰술, 식초(또는 레몬즙) 1큰술, 소금 · 후춧가루 약간씩)

이렇게 만드세요

1 유자청은 다져 나머지 드레싱 재료와 섞는다.
2 새싹채소는 물로 씻어 체에 밭쳐 물기를 제거한다.
3 깻잎은 씻어 물기를 턴 뒤 꼭지 부분을 3cm 정도 가위로 잘라 겹친다. ··TIP
4 연어는 반으로 자르고 둥글게 말아 깻잎 위에 올린다. ··TIP
5 ④에 드레싱을 뿌리고 새싹채소를 조금씩 올려 완성한다.

TIP

3 · 3-1 깻잎은 꼭지를 떼고 꼭지 가운데를 깊게 가위집을 낸 뒤 양쪽 잎을 겹쳐 입체적으로 세운다.
4 세운 깻잎은 연어를 올려 그 무게로 고정시킨다.

청포묵무침

한식의 대표적인 전채 요리인 청포묵무침입니다. 양념이 강한 메뉴와 함께 내면 부드럽게 먹을 수 있어요. 채 썬 청포묵은 투명할 때까지 데친 뒤 양념해야 야들야들해져 맛있어요.

재료 · 나인분
청포묵 400g(1팩), 달걀 1개, 조미김 6장, 참기름 · 소금 1/2작은술씩, 깨소금 약간

이렇게 만드세요
1 청포묵은 냉장고에 두어 굳힌 다음 채칼로 밀어 썬다. ·· TIP
2 끓는 물에 청포묵을 넣고 투명해질 때까지 데친 뒤 찬물에 헹궈 물기를 제거한다.
3 볼에 달걀을 넣고 곱게 푼다.
4 달군 팬에 달걀물을 넣고 약한 불에서 지단을 부친 다음 곱게 채 썬다.
5 볼에 청포묵을 담고 참기름과 소금, 깨소금, 조미김을 부수어 무친다.
6 ⑤를 그릇에 담고 달걀지단을 올린다.

TIP

1 청포묵을 채칼로 썰면 가늘고 일정한 길이의 채를 만들 수 있다. 냉장고에 차게 두어 딱딱할 때 밀어야 잘 썰린다.

녹두전

명절날 먹는 녹두전을 김치만 넣어 단순하고 담백하게 만들었어요. 재료와 과정의 복잡함을 절반으로 줄여 큰 힘 들이지 않고 완성할 수 있습니다.

재료 · 나인분(지름 8cm 15개)

깐 녹두 200cc, 김치 1/4포기, 쌀 1큰술, 홍고추 1/2개, 소금 1/2작은술, 식용유 적당량

이렇게 만드세요

1. 깐 녹두와 쌀은 합하여 물에 4시간 불린 뒤 여러 번 조리로 일어 녹두 껍질을 벗긴다. ··TIP
2. 녹두와 쌀은 조리로 일어 건진 다음 자작하게 물을 부어 믹서에 간다.
3. 김치는 속을 털고 숭숭 다져서 꼭 짠다. 홍고추는 모양대로 송송 썬다.
4. 간 녹두와 김치, 소금을 섞어 반죽을 만든다.
5. 달군 팬에 식용유를 두르고 반죽을 지름 8cm 정도로 국자로 떠서 부치다가 가운데에 홍고추를 올려 뒤집어 부친다.

TIP

1. 녹두는 씻으면 껍질이 위로 뜨므로 조리로 일어 껍질을 벗기면 편리하다.

버섯전골

여러 가지 맛과 향을 내는 버섯의 감칠맛을 깊게 느낄 수 있는 전골 요리예요. 완성해서 대접해도 좋지만 끓이면서 샤부샤부처럼 먹어도 잘 어울립니다. 당면을 불리지 않고 넣으면 국물을 다 흡수하므로 꼭 물에 불려 넣으세요.

재료 · 4인분

소고기(불고기) 300g, 멸치육수(만드는 법 P18 참고) 300㎖, 느타리버섯 · 표고버섯 · 새송이버섯 · 양송이버섯 40g씩, 당면 30g, 알배추 4장, 대파(흰 부분) 10cm 길이 2개, 양파 · 홍고추 1/2개, 간장 1작은술, 국간장 · 후춧가루 · 다진 마늘 약간씩, **고기 양념**(국간장 · 다진 마늘 1큰술씩, 설탕 · 참기름 1/2큰술씩, 후춧가루 약간)

이렇게 만드세요

1 소고기는 4등분한 뒤 분량의 고기 양념 재료를 넣고 조물조물해 30분간 재다.
2 느타리버섯은 먹기 좋게 자른다. 새송이버섯과 양송이버섯은 모양을 살려 슬라이스한다.
3 표고버섯은 1개는 위를 잘라 꽃 모양으로 썬다. 나머지는 얇게 썬다.
4 양파와 대파, 알배추는 모두 느타리버섯 길이로 잘라 1.5cm 폭으로 채 썬다.
5 홍고추는 길게 반으로 자른다.
6 당면은 간장을 넣은 물에 1시간 불린다. **··TIP**
7 전골팬에 양파, 대파, 알배추, 고기 절반을 깔고 버섯을 돌려 담은 뒤 남은 고기를 가운데 올린다. **··TIP**
8 ⑦에 멸치육수를 붓고 센 불에서 끓인다. 끓어 오르면 홍고추와 다진 마늘, 국간장, 후춧가루로 간해 완성한다.

TIP

6 당면을 불릴 때 간장을 넣어 밑간해야 익혔을 때 간이 배어 맛있다.
7 채소와 버섯을 바닥에 깔고 고기를 중간에 모두 담으면 잘 익지 않는다. 절반은 채소와 함께 바닥에 깔고 나머지 분량만 가운데 올린다.

매콤오징어무침

골뱅이무침처럼 소면과 잘 어울리는 오징어무침을 소개합니다. 고춧가루를 많이 넣어 매콤하고 칼칼한 맛이 일품이에요. 곱게 채 썬 깻잎과 함께 내어 정갈해보입니다.

재료 · 4인분

오징어(몸통) 2마리, 소면 100g, 오이 1개, 깻잎 15장, 양파 1/2개, **양념**(고춧가루 2와 1/2큰술, 간장 · 고추장 · 식초 · 올리고당 1과 1/2큰술씩, 설탕 · 다진 마늘 1/2큰술씩, 참기름 약간)

이렇게 만드세요

1. 오징어는 내장을 제거하고 껍질을 벗긴 뒤 껍질 안쪽에 파채 칼로 칼집을 내 5cm 길이로 썬다. ··TIP
2. 끓는 물에 손질한 오징어를 1분간 데쳐 물기를 뺀다.
3. 끓는 물에 소면을 삶은 뒤 찬물에 헹궈 체에 밭친다.
4. 볼에 분량의 양념 재료를 넣고 고루 섞는다.
5. 오이는 껍질째 씻어 씨를 뺀 뒤 5cm 길이로 채 썬다. 양파는 0.3cm, 깻잎은 0.1cm 폭으로 채 썬다.
6. 볼에 오징어와 오이, 양파를 담고 양념을 넣어 버무린다.
7. 그릇에 오징어부침과 소면을 각각 담고 그 옆에 채 썬 깻잎을 곁들인다.

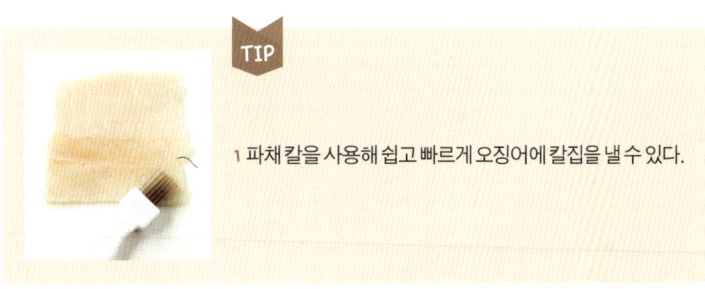

TIP

1 파채 칼을 사용해 쉽고 빠르게 오징어에 칼집을 낼 수 있다.

밤양갱

정갈한 디저트는 식사의 마무리인 동시에 상차림의 품격을 보여줍니다. 시판 통조림 밤을 이용해 초간단 양갱을 만들었어요. 모양 틀에 따라 모양을 다양하게 완성할 수 있어요. 밤 대신 단호박이나 고구마를 넣어도 좋습니다.

재료 · 4인분
밤(통조림) 10개, 팥앙금 250g, 물 200㎖, 설탕 30g, 한천가루 8g

이렇게 만드세요
1. 냄비에 한천가루와 물을 섞어 10분간 불린 뒤 끓인다. ··TIP
2. 끓어 오르면 설탕을 넣고 저어 녹인다.
3. 약한 불로 줄여 팥앙금을 넣고 잘 섞는다.
4. 모양 틀에 ③의 절반을 넣고 밤을 하나씩 올린 뒤 다시 팥앙금을 부어 냉장고에서 30분간 굳힌다. ··TIP
5. 차게 두어 굳으면 틀에서 빼 접시에 담는다.

> **TIP**
> 1. 한천가루는 물과 섞어 바로 조리하면 굳지 않는다. 반드시 10분간 물에 불려서 사용한다.
> 4. 틀에 팥앙금을 절반 붓고 밤을 넣은 뒤 다시 반죽을 부어야 밤이 가운데에 고정돼 모양이 예쁘다.

생각보다 간단한
이탈리아 요리

양파조림

부르스케타

감베리핑크파스타

치킨커틀릿

고르곤졸라피자

소박하지만
특별한 이탈리아식 만찬

여자들이 좋아하는 이탈리아 요리는 생각보다 소박하고 스피디하게 만들 수 있어 누구나 쉽게 도전해도 좋습니다. 식구 수대로 식탁에 포크와 나이프, 냅킨과 물잔을 세팅한 뒤 이탈리아식 저녁을 준비해보세요. 이탈리아 요리 하면 가장 먼저 떠오르는 피자와 파스타를 느끼한 맛은 줄이고 다이어트 걱정 없이 맘껏 즐길 수 있도록 아이디어를 더한 레시피로 요리했어요. 여기에 아주 소박한 식전 요리인 부르스케타를 내면 먹음직스러운 전채 메뉴를 만들 수 있어요.

양파조림

토종 입맛이라면 이탈리아 요리를 먹을 때 피클 생각이 간절합니다. 오늘은 피클 대신 음식에 곁들이면 좋은 양파조림을 소개할게요. 양파는 같은 두께로 썰어야 골고루 조려져요. 발사믹식초는 오래 조리면 단맛이 강해지므로 설탕은 생략해도 좋아요.

재료 • 2인분
양파 1개, 발사믹식초 100㎖, 설탕 1작은술, 물 적당량, 소금 약간

이렇게 만드세요
1 양파는 가늘게 채 썰어 냄비에 넣는다.
2 발사믹식초를 붓고 양파가 자작하게 잠길 정도로 물을 붓고 센 불에서 끓인다.
3 거의 다 졸여지면 설탕과 소금을 넣고 완성한다.

부르스케타

슬라이스한 바게트 위에 방울토마토, 가지 등을 얹어먹는 부르스케타를 크고 푸짐하게 만들었어요. 통으로 구운 바게트에 마리네이드한 토마토를 기호에 따라 얹어 먹게 배려한 메뉴입니다. 소스를 발라 구운 빵은 러스크처럼 즐겨도 됩니다.

재료 · 4개

바게트 1개, 방울토마토 10개, 바질잎 5~7개, 버터 3큰술, 다진 마늘 · 설탕 1작은술씩, **드레싱**(올리브유 3큰술, 발사믹식초 1큰술, 꿀 1작은술)

이렇게 만드세요

1 버터는 상온에 두어 말랑해지면 다진 마늘과 설탕을 넣어 섞는다.
2 바게트는 10cm 길이로 썬 뒤 1.5cm 정도 남기고 십자로 칼집을 낸다. ·· TIP
3 칼집 낸 바게트 속에 ①을 발라 200℃로 예열한 오븐에서 3~5분간 굽는다(에어프라이어 이용시 180℃로 5분). ·· TIP
4 방울토마토는 씻어 꼭지를 떼고 4등분한다. 바질잎은 씻어 채 썬다.
5 볼에 분량의 드레싱 재료를 넣고 고루 저은 뒤 방울토마토를 버무린다.
6 접시에 구운 바게트를 담고 ⑤를 곁들여 채 썬 바질을 뿌린다.

TIP
2 바게트는 세로로 잘라 잘 벌어질 정도로 깊숙하게 칼집을 넣는다.
3 바게트 속에 소스를 골고루, 듬뿍 발라 구워야 맛있다.

감베리핑크파스타

토마토소스와 크림소스의 맛과 풍미를 동시에 느낄 수 있는 로제파스타입니다. 다진 양파와 마늘을 충분하게 볶고 향을 내 고소하고 깊은 맛이 납니다. 새우 외에 오징어 등 각종 해물을 듬뿍 넣어 보세요.

재료 • 1인분

링귀니 100g, 토마토홀 100g, 생크림 150ml, 대하 3마리, 양파 1/4개, 통마늘 1개, 올리브유 · 화이트와인 적당량씩, 소금 · 후춧가루 약간씩

이렇게 만드세요

1 토마토홀은 포크로 으깨면서 체에 내린다. ·· TIP
2 대하는 깨끗이 씻어 이쑤시개로 내장을 빼고 머리를 뗀다.
3 양파는 껍질을 벗겨 다지고 통마늘은 편 썬다.
4 달군 팬에 올리브유를 두르고 약한 불에서 다진 양파와 마늘을 볶는다.
5 ④에 대하를 넣고 볶다가 센 불로 높여 화이트와인을 넣은 다음 토마토홀을 넣고 졸인다.
6 생크림을 넣고 섞어 약한 불에서 졸이다가 소금으로 간한다.
7 끓는 물에 소금을 넣고 링귀니를 삶아 건진 뒤 ⑥에 넣고 중간불에서 2분간 저이가며 볶은 뒤 후춧기루를 뿌린다.

TIP

1 토마토홀은 체에 밭쳐 포크로 으깨 토마토 껍질은 버리고 과육만 걸러 요리한다.

치킨커틀릿

빵가루에 그라나 파다노와 다진 마늘을 더해 풍미가 고급스러운 치킨커틀릿이에요. 기름에 튀기는 게 아니라 전 부치듯 구워 만들기도 간편하고 담백합니다.

재료 · 2~3인분

닭가슴살 2장, 빵가루 150g, 모차렐라치즈 50g, 달걀 1/2개, 그라나 파다노 1큰술, 다진 마늘 1작은술, 밀가루 · 식용유 적당량씩, 소금 · 후춧가루 · 파슬리가루 약간씩

이렇게 만드세요

1 닭가슴살은 0.7cm 폭으로 편 썰어 두께가 같도록 칼등으로 두드린 뒤 소금, 후춧가루를 뿌려 밑간한다. ··TIP
2 빵가루에 그라나 파다노를 갈아 넣고 다진 마늘을 넣어 고루 섞은 뒤 튀김옷을 만든다.
3 밑간한 닭가슴살은 밀가루→달걀물→빵가루 순으로 묻힌다.
4 달군 팬에 식용유를 넉넉하게 두르고 중강불에서 한 면을 노릇하게 굽는다.
5 뒤집어 80% 정도 익었을 때 모차렐라치즈를 솔솔 뿌린 뒤 뚜껑을 덮어 녹인다.

TIP

1 닭가슴살은 비스듬히 칼집을 넣어 편 썬다. 1장당 6쪽 정도 나온다.

고르곤졸라피자

메드포갈릭의 인기 메뉴 고르곤졸라피자를 토르티야를 이용해 만들기 쉽고 다이어트에도 도움이 되도록 만들었어요. 남은 피자는 1cm 정도 크기로 잘라 냉동보관하면 오래 두고 먹을 수 있어요.

재료 • 1인분

토르티야(10인치) 1장, 고르곤졸라치즈 20g, 모차렐라치즈 2큰술, 그라나 파다노·호두 1큰술씩, 다진 마늘 1작은술, 올리브유 약간, **시럽**(꿀 1큰술, 다진 아몬드 약간)

이렇게 만드세요

1 토르티야는 쿠킹포일에 올린 뒤 250℃로 예열한 오븐에서 2~3분간 굽는다.
2 구운 토르티야 위에 다진 마늘을 고루 바른 뒤 고르곤졸라, 모차렐라, 그라나 파다노와 호두를 올린다. ••TIP
3 250℃로 예열한 오븐에서 4~5분간 굽는다(에어프라이어 이용 시 아래 종이호일을 깔고 220℃로 5분).
4 볼에 꿀과 다진 아몬드를 섞은 뒤 피자와 곁들여 낸다.

TIP
2 다진 마늘과 치즈는 궁합이 좋고 풍미가 잘 어울리므로 구운 토르티야 위에 바른 뒤 토핑을 얹는다.

그들의 주말 만찬,
프랑스 가정식 요리

시저샐러드

포크스테이크

감자퓌레

오이피클

크림브륄레

유니크한 프랑스 가정식 요리

미식의 나라 프랑스, 프랑스인들은 매일 먹는 음식도 최상의 재료를 골라 요리하고 세팅까지 신경 쓴다고 해요. 공들여 차린 음식을 먹으며 3시간 가까이 이어지는 주말 저녁 식사는 대화의 장입니다. 값비싼 프렌치 식당에 가는 대신 집에서도 쉽게 만들 수 있는 유니크한 프랑스 가정식을 준비했어요. 큰 돈 들이지 않고 파리지앙의 저녁을 표현해봤습니다. 샐러드와 스테이크, 퓌레를 한 그릇에 담은 원 플레이트 요리는 꽤 스타일리시합니다. 놓칠 수 없는 마무리인 디저트는 크림브륄레로 준비했어요.

STYLING IDEA

문화와 예술의 도시 파리, 프랑스 국기에서 영감을 얻은 컬러 데커레이션으로 테이블을 꾸몄다. 화이트 컬러 테이블보와 블루 컬러 플레이트, 레드 컬러 커트러리의 삼원색으로 상징적인 프랑스 국기를 구현했다.

1 양복 냅킨

기본 화이트 컬러 플레이트와 투명한 느낌의 블루 컬러 플레이트를 겹쳐두어 세련미를 살렸다. 여기에 양복 모양으로 접은 냅킨을 올려 귀여우면서도 격식을 갖춘 스타일링을 완성했다.

2 소분한 꽃 장식

메인 요리를 담아 먹는 식사가 아니라 원플레이트 요리로 대접하기 때문에 식탁 중앙이 썰렁해 보일 수 있다. 이럴 때는 작은 크기의 투명 유리 볼을 가로로 길게 두어 꽃을 한 송이씩 띄우면 리드미컬해 보인다.

● 양복 냅킨 접기

1. 정사각형 냅킨을 대각선으로 접어 삼각형을 만든 뒤 양끝 모서리를 중앙으로 내려 마름모꼴로 만든다.
2. 윗부분 모서리를 꺾은 뒤 다른 손으로 0.5cm 정도 시접을 주어 접는다.
3. 냅킨을 뒤로 돌려 좌우를 가운데로 모아 접고 아랫단을 올려 마무리한다.

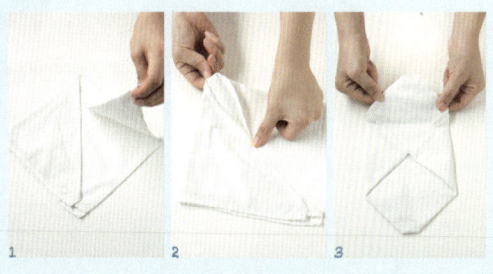

시저샐러드

마요네즈 대신 달걀을 다져서 만든 프랑스 정통 시저샐러드예요. 반숙한 달걀이나 수란으로 드레싱을 만들면 더 맛있어요. 바게트와 구운 베이컨을 함께 곁들여도 잘 어울립니다.

재료 · 2인분

로메인 1개, 바게트(또는 식빵) 1/4개, 그라나 파다노 · 후춧가루 · 식용유 약간씩, **소스**(달걀 1개, 안초비 2마리, 올리브유 2큰술, 그라나 파다노 20g, 레몬즙 2작은술, 꿀 1작은술, 다진 마늘 · 우스터소스 1/2작은술씩, 소금 약간)

이렇게 만드세요

1 로메인은 깨끗이 씻어 물기를 제거한 뒤 2등분한다.
2 달걀은 반숙으로 삶아 곱게 다진다. 안초비도 칼로 곱게 다진다. ··TIP
3 바게트는 2cm 크기로 잘라 달군 팬에 식용유를 넉넉히 두르고 튀긴다.
4 볼에 안초비를 넣고 다진 달걀과 다진 마늘을 넣고 으깨면서 섞다가 레몬즙, 꿀, 우스터소스, 소금을 넣어 섞는다.
5 ④에 올리브유를 조금씩 넣어가며 거품기로 젓는다. 그라나 파다노를 갈아 넣어 완성한다. ··TIP
6 볼에 로메인과 바게트를 담고 소스를 뿌려 버무린 뒤 그릇에 담는다. 그라나 파다노와 후춧가루를 뿌려 마무리한다.

TIP
2 안초비는 칼등으로 누르면서 으깬 다음 칼로 다져야 뼈가 잘 발라진다.
5 소스는 올리브유를 흘려 넣으며 섞다가 그라나 파다노로 농도를 맞춘다.

포크스테이크

살이 부드럽고 고소해 아이들도 잘 먹는 스테이크예요. 감자퓌레를 곁들이면 든든한 한 그릇 요리가 완성됩니다. 고기를 구운 팬에 소스를 졸여 풍미가 좋아요.

재료 · 2인분
돼지고기(1cm 두께 목심) 2장, 밀가루 적당량, 포도씨유 · 소금 · 후춧가루 약간씩, 소스(발사믹식초 50㎖, 버터 1/2작은술, 소금 약간)

이렇게 만드세요
1 돼지고기는 소금과 후춧가루를 뿌려 30분간 잰다.
2 밑간한 돼지고기는 밀가루를 앞뒤로 묻힌 뒤 여분의 가루는 탁탁 턴다. ••TIP
3 달군 팬에 포도씨유를 두르고 돼지고기를 넣고 앞뒷면을 익혀 덜어낸다.
4 ③의 팬에 남은 기름을 따라 버리고 키친타월로 닦은 뒤 발사믹식초를 넣고 절반으로 줄 때까지 졸인다. ••TIP
5 버터를 넣어 윤기를 낸 뒤 소금으로 간한다.
6 그릇에 스테이크를 담고 소스를 뿌려 완성한다.

2 밀가루를 묻힌 뒤 남은 가루를 잘 털어야 구웠을 때 맛이 담백하다.
4 고기를 굽고 닦은 팬에 발사믹식초를 졸여야 돼지고기 풍미가 있는 소스를 만들 수 있다.

감자퓌레

매시한 감자는 스테이크는 물론 튀김 등과 함께 곁들이기 좋은 사이드 메뉴입니다. 감자가 뜨거울 때 으깨어 버터, 생크림과 섞어 부드럽고 촉촉한 감자퓌레를 완성했어요.

재료 · 2인분

감자 1개(200g), 우유 3큰술, 버터 1큰술, 생크림 2작은술, 소금 · 후춧가루 적당량씩

이렇게 만드세요

1 감자는 껍질을 벗긴 뒤 작게 썰어 소금을 넣은 물에 삶는다.
2 감자가 다 익으면 물을 따라 버리고 수분을 날린다. ··TIP
3 뜨거울 때 포크로 감자를 으깬다.
4 ③에 먼저 버터를 넣고 녹인 뒤 우유와 생크림을 넣어 잘 섞는다. 소금으로 간하고 후춧가루를 뿌린다.
5 그릇에 포크스테이크를 담고 원형 틀을 이용해 감자퓌레를 담거나 아이스크림 컵에 낸다.

TIP

2 감자는 그냥 삶아 으깨면 물기가 남아 질박하다. 물을 따라 버리고 감자 분을 내면 포슬포슬하게 익어 퓌레를 만들었을 때 맛있다.

오이피클

파스타나 스테이크 등 서양 요리를 먹을 때 오이피클은 김치처럼 요긴하답니다. 너무 달지 않고 새콤달콤한 맛이 살아있는 오이피클 레시피를 알려드려요. 만든 뒤 3개월간 먹을 수 있어요.

재료 · 6인분(1/1병)

오이 3개, 물 500㎖, 식초 150㎖, 설탕 120g, 굵은소금 2큰술, 월계수잎 2~3장, 피클 시즐링 약간

이렇게 만드세요

1. 오이는 깨끗이 씻은 다음 세로로 반 잘라 씨를 빼고 3cm 크기로 썬다. ··TIP
2. 유리병을 끓는 물에 5분간 담가 소독한 뒤 말린다.
3. 냄비에 물, 식초, 설탕, 굵은소금을 한꺼번에 넣고 설탕과 소금이 녹을 정도로 만 데운다.
4. 유리병에 오이를 담고 식초물을 붓는다. ··TIP
5. 월계수잎과 피클 시즐링을 넣어 병을 밀봉한 뒤 상온에서 식힌다.
6. 냉장보관해 하루 뒤에 먹는다.

TIP

1. 오이 씨는 티스푼으로 긁어내면 쉽게 제거된다.
4. 식초물은 뜨거울 때 오이에 붓고 밀봉해야 식감이 아삭하다.

크림브륄레

크림브륄레는 푸딩처럼 부드러우면서도 달콤쌉싸래한 캐러멜이 어우러져 풍미가 독특한 디저트입니다. 높은 볼보다 넓은 그릇에 얇게 만들어야 더 맛있게 먹을 수 있어요.

재료 · 사인분(지름 6cm 7개)

생크림 200g, 우유 50g, 설탕 35g, 바닐라빈 1/2개, 달걀노른자 2개, 황설탕 적당량

이렇게 만드세요

1. 볼에 달걀노른자를 푼 뒤 설탕을 넣고 고루 젓는다.
2. 냄비에 생크림, 우유를 붓고 반 잘라 씨를 발라낸 바닐라빈을 넣고 데운다.
3. ①에 ②를 조금씩 넣어가며 섞은 뒤 체에 내린다.
4. 오븐 용기에 담아 160℃로 예열한 오븐에 35~40분간 중탕으로 익힌다. ··TIP
5. 오븐 거름망에 올려 완전히 식힌 뒤 황설탕을 뿌린다. 토치로 그을려 캐러멜을 만든다. ··TIP

4. 중탕할 때는 뜨거운 물을 부어야 온도가 일정하게 유지되고 오븐에서 물이 끓는 시간이 단축된다.
5. 크림브륄레는 완전히 식혀서 황설탕을 뿌려야 캐러멜이 잘 만들어진다.

로맨스가 필요해!
밸런타인데이 식탁

━━━◆◆◆━━━

토마토모차렐라샐러드

크램차우더팟파이

치킨리소토

단호박푸딩

로맨틱한 하루를 위한
밸런타인데이 식탁

달콤쌉싸래한 초콜릿과 함께 사랑을 전하기 좋은 밸런타인데이. 요즘 더 예쁘고 깊은 맛의 초콜릿을 만들어 선물하는 여성들이 많죠. 로맨틱한 오늘, 사랑하는 연인을 위해 초콜릿보다 더 달콤한 한끼를 준비해 봐요. 처음 꺼내는 듯한 핑크 컬러 테이블매트와 은은한 초로 로맨틱한 무드를 만들어봤어요. 비싼 돈 들이지 않고 레스토랑에서 맛볼 수 있는 이탈리아 메뉴로 솜씨 발휘를 할 수 있어요. 만드는 방법도 간단하고 외식 느낌이 물씬 나는 파티상이 완성되었습니다.

STYLING IDEA

밸런타인데이 하면 떠오르는 이미지가 있다. 핑크색, 초콜릿, 초… 같은 테이블 위에 센터피스만 달리해도 전혀 다른 그림이 연출된다. 화이트 테이블보를 깔아 식탁을 정갈하게 정돈한 뒤 중앙에 와인 잔 캔들 홀더로 포인트를 주고 핑크 컬러 매트로 심플한 느낌을 완성해보자.

1 와인 잔 캔들 홀더

가장 쉽게 파티 무드를 낼 수 있는 소품은 바로 캔들. 3인 이상의 상차림일 때는 작은 사이즈의 캔들을 홀더에 담아 데커레이션하면 예쁘다. 2인 상차림의 경우 와인 잔을 뒤집어 캔들 홀더로 응용해보자. 식탁의 메인 센터피스 역할을 해 특별한 느낌을 준다.

2 로맨틱한 테이블매트

매트는 테이블보에 얼룩이 지는 것을 방지하는 기본적인 역할 외에도 중요한 세팅 아이템이다. 왕골 소재의 테이블매트는 색깔별로 구비하면 파티 콘셉트에 따라 다양하게 활용할 수 있다. 핑크색 매트를 깔고 동일한 계열의 초를 믹스매치해 밸런타인데이 무드를 연출한다.

토마토모차렐라샐러드

남녀노소 누구나 좋아하는 토마토모차렐라샐러드를 꼬치에 꽂아 먹기 편하게 만들었어요. 미니 사이즈 모차렐라를 구입하면 꼬치에 꽂기 쉬워요. 식사하기 3~4시간 전 미리 만들어 냉장고에 차게 두면 더 신선합니다.

재료 · 2~3인분

방울토마토 15개, 프레시 모차렐라치즈 1개(125g), 바질잎 10장, **드레싱**(올리브유 5큰술, 꿀 1큰술, 발사믹식초 2작은술, 다진 마늘 1작은술, 소금 1/2작은술, 후춧가루 약간)

이렇게 만드세요

1 방울토마토는 깨끗이 씻어 꼭지를 뗀다. 바질잎도 씻어 물기를 제거한다.
2 모차렐라치즈는 미니 사이즈를 이용하거나 큐브 모양으로 잘라 위생장갑을 낀 채로 모양을 잡아 방울토마토 사이즈로 만든다.
3 볼에 분량의 재료를 고루 섞어 발사믹드레싱을 만든다. 드레싱에 방울토마토와 모차렐라치즈를 굴린다. ··TIP
4 꼬치에 바질잎→치즈→방울토마토 순으로 끼운다. ··TIP
5 그릇에 꼬치를 담고 남은 드레싱을 골고루 뿌려 완성한다.

3 드레싱을 만들 때 다른 재료를 고루 섞은 뒤 올리브유를 마지막에 넣어야 맛이 잘 어우러진다.
4 바질잎을 꽃받침처럼 먼저 꼬치에 꽂아야 드레싱이 밑으로 흐르지 않는다.

크램차우더팟파이

수프 그릇에 파이지로 뚜껑을 덮고 구워 빵과 수프를 한 번에 즐길 수 있는 메뉴예요. 숟가락으로 파이지를 톡 깨서 뜨끈한 크램차우더와 함께 떠먹으면 마음까지 훈훈해져요. 파이지는 넉넉하게 만들어 냉동했다가 필요할 때 꺼내 쓰세요.

재료 · 2인분

파이지(버터 50g, 강력분·박력분 40g씩, 물 25㎖, 설탕 1/2작은술, 소금 1/4작은술), **조개육수**(조갯살 50g, 물 100㎖), 감자 1/4개, 양파·당근 1/8개, 버터 1작은술, **루**(버터·밀가루 1큰술씩), 생크림 250㎖, 우유 100㎖, 소금 1/3작은술

이렇게 만드세요

1 강력분, 박력분, 설탕, 소금은 합하여 체에 두 번 내린다.
2 프로세서에 버터와 ①을 넣고 돌린 뒤 물을 부어 반죽한다. 반죽을 비닐 팩에 담아 냉장고에 2~3시간 휴지한다.
3 반죽을 밀대로 밀어 3등분으로 접어 밀기를 3번 반복하다 다시 냉장고에서 30분간 두었다가 접어 밀기를 3번해 파이지를 만든다.
4 냄비에 조갯살을 담고 물을 부어 끓인다. 부르르 끓으면 불을 끈다.
5 감자, 양파, 당근은 껍질을 벗기고 사방 0.5cm 크기로 썬다.
6 달군 팬에 버터를 녹인 뒤 ⑤를 넣고 감자가 부냉해질 때까지 볶은 뒤 그릇에 덜어둔다.
7 같은 팬에 버터와 밀가루를 넣고 중약불에서 프라이팬을 불에 올렸다 내렸다를 3번 반복하며 볶아 루를 만든다. ··TIP
8 농도가 나면 조갯살과 조개 육수를 조금씩 넣어 저어가며 끓인다. 생크림과 우유, 볶은 채소를 넣고 끓이다가 마지막에 소금으로 간한다.
9 오븐 용기에 수프를 70% 정도 채운다.
10 파이지는 용기 지름보다 사방 3~4cm(사각일 때는 사방 2cm) 정도 크게 잘라 가장자리에 달걀물을 발라 붙인다. 붓으로 윗면 전체에도 달걀물을 바른다.
11 200℃로 예열한 오븐에 수프를 넣고 윗면이 노릇노릇한 색이 날 정도로 20~30분간 굽는다(에어프라이어 이용시 190℃로 20분).

TIP

7 오래 볶으면 브라운 루가 되므로 밀가루를 충분히 볶아주되 갈색이 나지 않도록 주의한다.

치킨리소토

불린 쌀을 천천히 익혀서 꼬들거리는 식감의 치킨리소토를 완성했어요. 치킨 대신 해물이나 버섯을 활용해도 좋아요. 육수가 줄면서 간이 배므로 소금 간은 맨 마지막에 하세요.

재료 · 1인분

쌀 120g, 닭다리살 1장, 치킨육수(만드는 법 P18 참고) 300㎖, 생크림 200㎖, 달걀노른자 1개, 다진 양파 3큰술, 화이트와인 · 다진 마늘 1큰술씩, 올리브유 적당량, 소금 · 후춧가루 · 파슬리잎 약간씩

이렇게 만드세요

1 쌀은 씻어 체에 밭쳐 30분 이상 불린다.
2 생크림에 달걀노른자를 넣고 미리 섞어둔다.
3 닭다리살은 2cm 크기로 잘라 화이트와인과 소금, 후춧가루를 뿌려 잰다. ··TIP
4 달군 팬에 올리브유를 두르고 약한 불에서 다진 양파와 다진 마늘을 넣고 충분히 볶는다.
5 양파가 투명해지면 닭다리살을 넣고 볶다가 쌀을 넣는다.
6 쌀을 볶다가 치킨육수를 조금씩 넣고 볶는다. 육수가 쌀에 흡수되면 다시 치킨육수를 넣는다. 4~5번 정도 육수를 나누어 넣으면서 익힌다. ··TIP
7 쌀이 다 익으면 ②를 넣고 약한 불에서 졸이다가 소금으로 간한다. 다진 파슬리잎을 뿌려 완성한다.

TIP

3 닭다리살을 밑간할 때 화이트와인을 넣으면 비린내를 잡을 수 있다. 또는 우유에 담그면 육질이 연해진다.
6 쌀이 육수를 흡수하면 다시 조금씩 육수를 부으며 쌀을 익힌다.

단호박푸딩

달콤한 단호박과 캐러멜의 쌉쌀한 맛이 잘 어울리는 디저트예요. 단호박의 풍미가 살아있어 남녀노소 누구나 좋아해요.

재료 · 두개(높이 4cm, 지름 8cm)

단호박(찐 것) 100g, 우유 100㎖, 생크림 70㎖, 설탕 30g, 달걀노른자 1개, 달걀 1/2개, 생크림(장식용) 적당량, **캐러멜**(설탕 70g, 물 100㎖)

이렇게 만드세요

1. 단호박은 반으로 잘라 씨를 빼고 4등분한 뒤 전자레인지에 4~5분간 익힌다.
   ··TIP
2. 숟가락으로 단호박 살만 도려낸 뒤 볼에 담는다. 뜨거울 때 포크로 으깨 설탕과 섞는다.
3. ②에 우유, 생크림, 달걀물을 넣고 계속 저어가며 섞는다.
4. ③을 용기에 나눠 담고 160℃로 예열한 오븐에서 45~50분간 중탕으로 익힌다.
5. 푸딩은 완전히 식으면 냉장고에 넣는다.
6. 달군 팬에 설탕을 넣고 부르르 끓을 때까지 녹인 뒤 갈색이 나면 물을 붓고 끓인다.
7. 푸딩 위에 캐러멜을 부어 골고루 퍼지도록 용기를 돌린 뒤 휘핑한 생크림을 올려 완성한다.

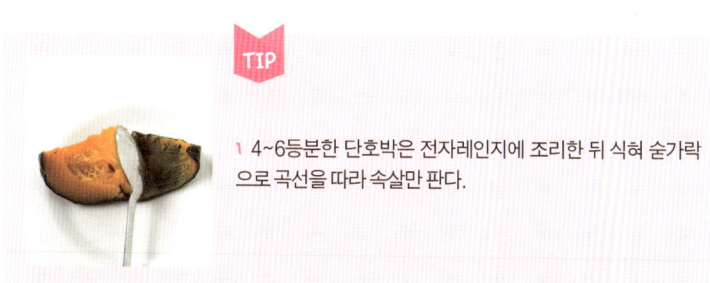

TIP

1. 4~6등분한 단호박은 전자레인지에 조리한 뒤 식혀 숟가락으로 곡선을 따라 속살만 판다.

소중한 이들과 따뜻하게
크리스마스 파티

― ◈ ―

감자양파수프

영계사과샐러드

샘선커틀릿

스시케이크

핫다크초콜릿케이크

성탄절 시그니처 컬러로 차린
클래식한 식탁

매년 연말이면 올해는 어느 레스토랑을 예약하고 무엇을 할지 정하느라 마음이 분주합니다. 가장 내밀하지만 특별한 크리스마스 추억을 만들어 보는 건 어떨까요? 크리스마스 파티는 특별한 사람들만의 유희는 아닐 거예요. 매일 얼굴 보는 가족, 친구일지라도 집에서 만나 음식과 대화를 나눌 기회를 만든다면 그만입니다. 크리스마스 만찬을 위해 특별한 데커레이션에 집착하는 대신 뻔하지만 상징적인 크리스마스 색을 활용해보세요. 레드, 그린 컬러 매치로 소박한 크리스마스 무드를 낼 수 있어요.

STYLING IDEA

그린, 레드 등 크리스마스 시그니처 컬러로 장식한 트리와 산타 할아버지… 누구나 크리스마스를 떠올리면 생각나는 이미지가 있다. 어릴 때부터 익숙한 클래식한 크리스마스 컬러 톤이 반영된 소품을 잘 활용하면 식탁 공간이 새로워진다.

1 웰컴 메시지 편지봉투

크리스마스 컬러인 레드 플레이트 위에 화이트 접시를 올린 뒤 레드 컬러 편지봉투를 준비했다. 카드 안에는 오늘 준비한 상차림 메뉴를 적거나 파티에 어울리는 인사말을 써보자. 레터링 스탬프로 'Merry Christmas'를 찍어 장식해도 멋스럽다.

2 막대사탕 네임카드

네임카드는 지정석을 만들어주어 파티 참가자들의 서먹함을 배려하는 역할을 한다. 막대사탕 모양의 장식을 네임카드로 활용해보자. 또한 흰색 머메이드지를 길게 잘라 이름을 적은 뒤 잎 모양으로 오린 초록색 머메이드지 뒤에 붙인 다음 막대사탕에 고정한다.

감자양파수프

추운 겨울날 따뜻함을 불어넣어줄 수프 한 그릇이에요. 양파는 갈색이 날 때까지 오래 볶아야 고소한 맛이 더해집니다. 육수를 오래 끓이면 짜질 수 있어 소금 간은 마지막에 하세요.

재료 · 나인분

감자 2개(400g), 양파 1개, 올리브유 2큰술, 버터 1큰술, 치킨스톡 1개, 물 500㎖, 생크림(또는 우유) 100㎖, 식용유 · 밀가루 적당량씩, 소금 · 후춧가루 약간씩

이렇게 만드세요

1. 감자는 껍질을 벗겨 1/2개는 가늘게 채 썬다. 나머지는 사방 0.5cm 크기로 썬다. 양파는 껍질을 벗겨 사방 2cm 크기로 썬다.
2. 가늘게 채 썬 감자는 밀가루에 묻혀 180℃의 식용유에 튀겨 기름기를 제거한다.
3. 달군 팬에 올리브유와 버터를 넣고 버터가 녹으면 양파를 넣고 약한 불에서 갈색이 날 때까지 볶는다.
4. ③에 감자를 넣고 볶다가 투명한 색이 나면 치킨스톡과 물을 넣고 뚜껑을 덮어 감자가 익을 때까지 끓인다.
5. ④가 식으면 핸드블렌더로 곱게 간다. ··TIP
6. 다시 냄비에 담고 생크림을 넣은 뒤 약한 불로 끓이다가 소금으로 간하고 후춧가루를 뿌린다.
7. 수프를 그릇에 담고 튀긴 감자를 올린다.

TIP
5. 감자양파수프는 뜨거울 때 핸드블렌더로 갈면 압착이 되어 쩍쩍 붙는다. 한 김 식힌 뒤 간다.

영계사과샐러드

오븐에 구워 기름을 뺀 닭다리살 위에 곱게 채 썬 사과를 올린 이색 샐러드예요. 음식 담음새도 화려하고 사과의 달콤함과 닭고기의 고소함이 어울려 파티 요리에 딱입니다. 다이어트할 때 식사 대용으로 즐겨도 좋아요.

재료 · 2~3인분

닭고기(넓적다리살) 1팩(8조각), 사과 1개, 어린잎채소 100g, 화이트와인 2큰술, 소금·후춧가루 약간씩, **드레싱**(다진 양파 4큰술, 포도씨유 3큰술, 발사믹식초 1큰술, 꿀 1/2큰술)

이렇게 만드세요

1 닭고기는 화이트와인과 소금, 후춧가루로 밑간해 30분 이상 잰다. ··TIP
2 밑간한 닭고기는 200℃로 예열한 오븐에서 20~30분간 굽는다(에어프라이어 이용 시 180℃로 20분). ··TIP
3 볼에 분량의 드레싱 재료를 넣고 고루 섞는다.
4 어린잎채소는 씻어 체에 밭쳐 물기를 뺀다. 사과는 껍질째 5cm 길이로 채 썬다.
5 볼에 채 썬 사과와 어린잎채소를 담고 드레싱을 넣어 버무린다.
6 접시에 닭고기를 담고 ⑤를 올려 완성한다.

TIP

1 넓적다리살은 두께를 동일하게 손질해야 오븐에서 고루 익는다. 두꺼운 부분은 칼집을 낸 뒤 벌린다.
2 고기가 메인인 샐러드는 기름기를 제대로 제거해야 담백하다. 오븐에서 구우면 기름이 쏙 빠진다.

생선커틀릿

웨지감자와 같이 튀겨 피시앤칩스로 내면 파티 분위기에 잘 어울려요. 모닝 빵 속에 생선커틀릿과 소스를 곁들여 버거로 만들어도 좋습니다.

재료 · 나인분

동태살(전감) 20장, 빵가루 400g, 밀가루 200g, 달걀 2개, 식용유 적당량, 소금·후춧가루 약간씩, **소스**(마요네즈 4큰술, 다진 양파 3큰술, 다진 피클 2작은술, 와사비·설탕·레몬즙 1작은술씩, 간장 약간)

이렇게 만드세요

1. 해동한 동태살에 소금과 후춧가루를 뿌려 밑간한다. ·· TIP
2. 볼에 달걀을 풀어 달걀물을 만든다.
3. 밑간한 동태살은 밀가루를 앞뒤로 묻힌 뒤 탁탁 털어 달걀물에 담갔다 다시 빵가루를 앞뒤로 묻힌다. ·· TIP
4. 튀김옷을 입힌 동태살을 180℃의 식용유에 노릇하게 튀긴다.
5. 볼에 분량의 소스 재료를 섞은 뒤 생선커틀릿에 곁들인다.

TIP
1. 비닐째로 해동하는 것은 금물. 평평한 바트에서 해동을 해야 모양이 흐트러지지 않는다.
2. 바트는 2등분해 빵가루와 밀가루를 반반 담는다. 달걀물에 담갔다 동태살의 앞뒤로 빵가루를 손으로 누르면서 묻히면 달걀물이 떨어져 빵가루가 지저분해지지 않는다.

스시케이크

새콤달콤한 맛의 지라시스시를 케이크 모양으로 만들어 스페셜한 느낌을 더한 아이디어를 소개합니다. 특별한 날은 물론 크리스마스 케이크로 활용해도 좋아요. 가지고 있는 용기에 따라 다양하게 변형할 수 있어요.

재료 · 4인분

밥 3공기(630g), 조미김 50장, 연근 50g, 달걀 1개, 꽃새우 3마리, 표고버섯 2개, 청 · 홍 피망 1/2개씩, 식초 1큰술, 청주 · 식용유 약간, **배합초**(식초 5작은술, 설탕 3작은술, 소금 1작은술), **양념**(식초 · 물 3큰술씩, 설탕 2큰술, 소금 약간)

이렇게 만드세요

1 쌀은 씻어 30분간 불린 뒤 체에 받쳐 동량의 물을 붓고 고슬고슬하게 밥 짓는다.
2 냄비에 분량의 배합초 재료를 넣고 끓인다.
3 밥이 뜨거울 때 배합초를 뿌리고 주걱으로 칼로 자르듯이 섞는다.
4 연근은 껍질을 벗기고 0.3cm 크기로 썬다. 표고버섯은 꼭지를 떼고 얇게 썬다.
5 얇게 썬 연근은 식초를 넣은 물에 30분간 담가 아린 맛을 없앤다.
6 냄비에 분량의 양념 재료를 넣고 연근과 표고버섯을 넣고 졸인다.
7 피망은 씻어 반 자른 뒤 씨를 제거해 모양 틀로 찍는다.
8 달걀은 풀어 약한 불에서 지단을 부쳐 곱게 채 썬다.
9 새우는 끓는 물에 청주를 약간 넣고 데친 뒤 건져 등쪽으로 반 자른다.
10 비닐 팩에 조미김을 넣고 손으로 잘게 부순다.
11 케이크 틀에 랩을 넉넉히 펼친다. ··TIP
12 맨 아래에 새우를 깔고 달걀지단 → 김 가루를 뿌리고 밥을 한 겹 깐다. 그 위에 다시 연근, 표고버섯을 뿌린다. ··TIP
13 다시 밥을 얇게 깐 다음 접시를 대고 뒤집어 랩을 뺀다. ··TIP
14 위에 모양 틀로 찍은 피망을 장식하여 완성한다.

11 케이크 틀이나 플라스틱 용기에 랩을 깔면 여러 가지 모양의 스시케이크를 만들 수 있다.
12 · 12-1 새우, 달걀지단, 김 가루, 연근, 표고버섯 순으로 깔아야 단면이 예쁘다.
13 완성 접시에 케이크 틀을 대고 뒤집는다.

핫다크초콜릿케이크

뜨거울 때 차가운 아이스크림과 같이 먹으면 달콤한 초콜릿케이크. 만드는 방법이 간단해 베이킹 초보도 쉽게 도전할 수 있어요.

재료 • 4인분
다크초콜릿커버처 130g, 버터 60g, 달걀 2개, 밀가루 4큰술, 설탕 3과 1/2큰술, 슈거파우더(또는 아이스크림) 적당량

이렇게 만드세요
1 볼에 다크초콜릿커버처와 버터를 넣고 중탕해 녹인다.
2 다른 볼에 달걀을 담고 거품기로 저은 뒤 설탕을 넣어 충분히 섞는다.
3 ②에 ①을 부어 빠르게 주걱으로 섞는다.
4 밀가루를 넣고 섞은 뒤 오븐 용기에 70% 정도만 담는다. ·· TIP
5 180℃로 예열한 오븐에서 15분간 굽는다 (에어프라이어 이용 시 170℃로 10~15분).
6 슈거파우더를 뿌리거나 아이스크림을 얹어 완성한다.

TIP

4 반죽이 묽은 편이라 숟가락으로 떠서 넣으면 그릇 주변에 묻으므로 짜주머니를 활용한다.

집에서 편안하게
엄마들의 모임

에그포테파스

안초비오일파스타

카르보나라피자

초콜릿타르트

커피빙수

❖

아이가 맺어준
새로운 친구들과의 홈 파티

아이가 어린이집에 입학하면 아이도 엄마도 새로운 사회에 들어섭니다. 친구 사귄 아이 덕에 하교 후에 서로 집에도 놀러가고 공연도 보는 등 어울리는 일이 많아져요. 아이의 친구 엄마와도 절친한 사이가 됩니다. 함께 육아하는 엄마로서, 친밀감을 나누는 사이가 되면 자연스럽게 식사 한 끼 대접하고 싶지요. 매일 먹는 한식 대신 여자들끼리 모여서 오늘만큼은 폼 나고 색다르게 먹어 보려고 해요. 만들기 번거로운 요리보다는 쉽고 간단하게 만들어서 짠~ 하고 어깨가 으쓱해지는 메뉴 선정이 중요합니다. 소박한 파스타와 샐러드, 피자… 이탈리아 가정식 메뉴를 준비해 음식은 물론 식사 속에서 무르익는 대화를 즐겨보세요.

STYLING IDEA

나무 테이블은 소박하지만 따뜻한 느낌을 주어 편안한 소모임에 잘 어울리는 요소다. 내추럴한 나무 테이블 위에는 화이트 컬러나 같은 우드 계열 플레이트를 배치하면 세련되어 보인다.

1 파티 정보를 알려주는 메뉴 카드

여자들은 음식에 대한 관심이 높다. 상차림 메뉴와 재료 등을 크래프트 카드에 적어 준비하면 식사 전에 무슨 음식을 먹게 될지 친절하게 안내할 수 있을 뿐 아니라 자연스럽게 대화를 이어갈 수 있다. 히든 레시피가 있다면 미리 레시피를 담은 카드를 동봉했다가 손님에게 건네자.

2 심플한 냅킨 세팅

레스토랑에 가면 음식보다 서비스에 더 감동할 때가 많다. 각 테이블의 앞 접시 위에는 냅킨을 접어 메뉴 카드와 함께 노끈으로 묶는다. 단정한 분위기는 물론 호스트가 손님을 배려한다는 인상을 줄 수 있다.

● 냅킨 접기

1. 정사각형 냅킨을 세로로 반 접은 뒤 1/3을 남겨두고 접는다.
2. 다시 세로로 반 접어 메뉴 카드를 끼우고 노끈으로 묶어 리본을 맨다.

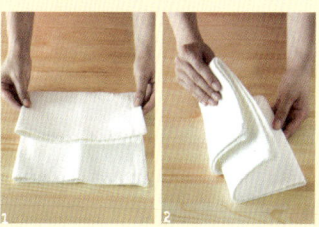

에그포테파스

한 끼 식사로도 든든한 이색 샐러드입니다. 부드럽고 촉촉하고 아삭한, 다양한 재료의 식감이 어우러져 색다릅니다. 소스에도 달걀을 넣어 부드러운 맛을 더했으니 넉넉히 만들어서 곁들이세요.

재료 · 2인분

달걀(삶은 것) 2와 1/2개, 감자 2개, 미니 아스파라거스 5개, 바게트 3쪽, 올리브유 적당량, 소금 · 후춧가루 · 로즈메리잎 약간씩, **소스**(달걀(삶은 것) 1/2개, 마요네즈 70g, 토마토케첩 · 양파 20g씩, 피클 15g, 레몬즙 1작은술, 소금 · 후춧가루 약간씩)

이렇게 만드세요

1. 삶은 달걀 1/2개와 양파, 피클은 곱게 다진다. 나머지 드레싱 재료를 넣고 고루 섞는다.
2. 나머지 삶은 달걀은 껍질을 벗기고 세로로 4등분한다.
3. 미니 아스파라거스는 4cm 길이로 썰고 바게트는 2cm 폭으로 자른다.
4. 감자는 껍질을 벗기고 사방 2cm 크기로 썬다. 냄비에 감자를 담고 찬물을 부어 5분간 삶아 건진다.
5. 감자를 삶는 동안 달군 팬에 올리브유를 두르고 미니 아스파라거스와 바게트를 각각 소금과 후춧가루로 간한 뒤 볶아 덜어둔다. ·· TIP
6. 같은 팬에 올리브유를 넉넉히 두르고 삶은 감자를 볶다가 노릇노릇하게 색이 나면 다진 로즈메리잎과 소금을 넣고 볶는다. ·· TIP
7. 그릇에 감자와 아스파라거스, 바게트, 달걀을 담고 소스를 곁들인다.

TIP

5 바게트와 아스파라거스는 익는 시간이 각각 다르므로 따로 볶아둔다.
6 감자를 볶을 때 중간중간 올리브유를 더 첨가하면서 볶는다.

안초비오일파스타

고추와 고춧가루로 매콤한 맛을 가미한 퓨전 파스타를 만들었어요. 청양고추를 넣으면 화끈함이 더해져 많이 먹으면 느끼한 이탈리아 요리 속에서 빛을 발한답니다.

재료 · 1인분

링귀니 100g, 모둠 해물(냉동) 150g, 안초비 2마리, 통마늘 2개, 홍 · 청고추 1개씩, 올리브유 2큰술, 고춧가루 1작은술, 화이트와인 적당량, 소금 약간

이렇게 만드세요

1 고추는 다지고 통마늘은 얇게 편 썬다.
2 냉동 해물은 소금물에서 해동한 뒤 찬물에 헹궈 물기를 뺀다.
3 끓는 물에 소금을 넣고 링귀니를 삶아 물기를 뺀다.
4 달군 팬에 올리브유를 두르고 약한 불에서 안초비와 다진 고추, 편 썬 마늘을 넣고 볶는다. ··TIP
5 ④에 해물을 넣고 볶다가 센 불에서 화이트와인을 넣어 비린 맛을 날린다. 고춧가루를 넣고 소금으로 간한다. ··TIP
6 ⑤의 팬에 삶은 링귀니를 넣고 빠르게 버무려 볶은 뒤 그릇에 담는다.

TIP

↳ 약한 불에서 마늘을 끓이듯이 볶아야 향이 최대한 우러나온다.
↳ 고춧가루를 미리 넣으면 불어서 고추장을 넣은 것처럼 텁텁하다. 마지막에 넣고 마무리한다.

카르보나라피자

크림의 깊고 부드러운 풍미가 입맛을 돋우는 카르보나라를 피자로 만들었어요. 달걀을 올려 브런치 메뉴로도 잘 어울려요. 그라나 파다노 대신 프레시 모차렐라치즈를 올려도 맛있어요.

재료 · 1인분
토르티야(10인치) 1장, 달걀 1개, 양파 1/8개, 베이컨 1개, 그라나 파다노 1작은술, 다진 마늘 1/2작은술, 후춧가루 약간, **소스**(달걀노른자 1/2개, 생크림 40㎖, 소금 약간)

이렇게 만드세요
1 팬에 달걀노른자와 생크림을 넣고 섞은 뒤 약한 불에서 걸쭉하게 졸여 소금 간 한다.
2 ①에 다진 마늘을 섞어 토르티야에 얇게 펴 바른다.
3 양파는 가늘게 채 썰고 베이컨은 1cm 폭으로 자른다.
4 토르티야 위에 양파, 베이컨을 올리고 그라나 파다노를 갈아 뿌린다.
5 피자 가운데에 달걀을 깨서 올린 뒤 240℃로 예열한 오븐에서 7~8분간 굽는다 (에어프라이어 이용 시 220℃로 5분). ··TIP

TIP
5 피자 도우 위에 날달걀을 깨서 오븐에서 익히면 달걀이 반숙 정도로 익어 식감이 좋다.

초콜릿타르트

작은 사이즈로 구운 초콜릿타르트는 단것을 좋아하지 않는 사람도 부담 없이 즐길 수 있어요. 식사 후 커피와 함께 내면 그럴싸한 디저트입니다. 아이 간식으로 만들 때는 밀크초콜릿을 이용하세요.

재료 · 나인분 (지름 5cm 틀 15개)

타르트 반죽(박력분 100g, 버터 65g, 슈거파우더 40g, 아몬드가루 20g, 코코아가루 10g, 물 1큰술), **필링**(다크초콜릿 100g, 생크림 80g, 물엿 15g), 아몬드 15개

이렇게 만드세요

1. 버터는 실온에 두어 말랑해지면 볼에 담아 거품기로 푼 뒤 슈거파우더를 넣고 섞는다.
2. 박력분, 아몬드가루, 코코아가루는 합하여 두 번 체친 뒤 물을 넣고 섞어 뭉친다. 비닐 팩에 담아 냉장고에 1시간 휴지한다.
3. 휴지시킨 반죽을 0.2~0.3cm 두께로 밀대로 밀어 틀에 넣고 170℃로 예열한 오븐에서 15분간 구워 식힌다. ··TIP
4. 냄비에 다크초콜릿과 물엿을 넣고 중탕한 뒤 생크림을 넣어 섞는다. ··TIP
5. ④를 구운 타르트에 붓고 아몬드를 올린 뒤 냉장고에 넣어 굳힌다. ··TIP

TIP

3. 반죽을 밀어 틀에 넣고 포크로 여러 군데 구멍을 내 줘야 구웠을 때 부풀지 않는다.
4. 초콜릿은 바로 냄비에 녹이면 타므로 꼭 중탕한다.
5. 중탕하여 녹인 초콜릿은 80% 정도 채운 뒤 아몬드로 장식한다.

커피빙수

우유 함량이 높은 커피우유를 얼려 먹는 간편 디저트예요. 흰 우유를 얼리면 연유나 설탕으로 간을 해야 하지만 커피우유는 그대로 먹어도 되는 장점이 있죠. 으깬 우유 위에 그래놀라를 올려도 좋아요.

재료 · 2인분
커피우유 1개(310g)

이렇게 만드세요
1 커피우유는 팩째로 냉동실에서 얼린 뒤 덩어리째로 뺀다.
2 ①을 실온에서 살짝 녹인 뒤 포크로 으깬다. ··TIP
3 볼에 담아 완성한다.

TIP
2 우유팩이 꽁꽁 얼어 있으면 30초 정도 전자레인지에 돌려 녹인 뒤 포크로 으깬다.

맛과 건강을 모두 잡은
부모님 생신상차림

구운버섯샐러드

소고기찹쌀지짐

연어스테이크

가지된장구이

오이송송이

홍시셔벗

건강과 진심을 담은
퓨전 생신상

부모님 생신날 집에서 식사 준비하겠다고 말씀드리면 "힘들게 뭐 하러, 밖에 나가서 간단히 먹자"라고 하십니다. 하지만 한 번쯤은 내 손으로 직접 부모님 생신상을 차려드리고 싶은 게 자식 마음이 아닐는지요. 생신상은 부모님 입맛과 건강을 고려한 메뉴를 선정하는 일이 중요합니다. 또 입도 눈도 깐깐한 어머니의 취향에 맞는 한식과 퓨전 요리를 적절히 매치해 눈길을 확 잡아당기는 센스도 필요해요. 고기 요리는 기름기를 최소화해 조리하고 불포화지방산이 풍부한 연어 등으로 건강을 챙겨 드리세요. 버섯, 가지 등의 채소를 담백하고 정갈하게 조리해 식탁의 품격을 높여도 좋습니다.

STYLING IDEA

차가운 실버톤보다는 따뜻하고 격식 있는 골드톤으로 테이블세팅의 품격을 높여보자. 평소에 잘 사용하지 않은 골드 컬러 식기를 꺼내 특별한 감동을 선사할 수도 있다.

1 테이블에 놓은 감사 카드

종이 카드 위에 골드 컬러 라인테이프로 가장자리를 두른 네임카드는 골드톤 테이블세팅과 조화를 이룬다. 평소 전하지 못했던 감사의 마음을 담은 카드 한 장은 특별한 감동을 줄 수 있다.

2 과하지 않은 골드 식기 세팅

골드 컬러 식기는 평소에는 화려해서 자주 사용하지 못하지만 특별한 날에는 품격을 불어 넣어준다. 골드 컬러 식기나 매트, 오너먼트와 초 등 다른 아이템을 한두 가지 변형해 풍성한 데커레이션을 완성한다.

구운버섯샐러드

쫄깃한 버섯과 채소의 신선함이 어우러져 한식 밥상에도 잘 어울리는 샐러드예요. 발사믹드레싱에 피망을 다져 넣어 오리엔탈 드레싱으로 변형했습니다.

재료 • 2~3인분

느타리버섯 200g, 샐러드채소 적당량, 소금 약간, **드레싱**(발사믹식초 · 다진 청 · 홍피망 2큰술씩, 간장 · 올리브유 · 다진 양파 1큰술씩, 설탕 2작은술, 다진 마늘 1작은술)

이렇게 만드세요

1. 샐러드채소는 깨끗이 씻어 물기를 뺀다. 느타리버섯은 젖은 키친타월로 먼지를 턴다.
2. 볼에 올리브유를 제외한 모든 드레싱 재료를 넣고 섞은 다음 맨 마지막에 올리브유를 넣어 젓는다. ••TIP
3. 달군 팬에 느타리버섯을 넣고 센 불에서 빠르게 볶다가 소금으로 간한다. ••TIP
4. 접시에 샐러드채소를 담고 위에 구운 버섯을 올린 다음 드레싱을 골고루 뿌린다.

TIP

2 올리브유를 제외한 나머지 재료를 먼저 고루 섞어야 잘 섞인다. 먹기 직전 올리브유를 넣고 젓는다.
3 느타리버섯은 센 불에 빠르게 구워야 물이 생기지 않고 식감이 쫄깃하다.

소고기찹쌀지짐

소고기찹쌀지짐에 파채와 깻잎을 싸 먹는 한식 요리를 제안합니다. 녹말가루 대신 찹쌀가루를 입혀 구운 고기가 부드러워 싸먹기 편합니다. 파의 흰 부분과 깻잎을 채 썰고 각각 담아 색감을 살렸어요. 초고추장에 찍어 먹어도 맛있습니다.

재료 · 2인분

소고기 전감(홍두깨살) 150g, 깻잎 · 대파(흰 부분) 10cm 길이 2개, 찹쌀가루 5큰술, 식용유 적당량, 소금 · 후춧가루 약간씩, **겨자장**(설탕 · 식초 1큰술씩, 간장 1/2큰술, 연겨자 1/2작은술)

이렇게 만드세요

1 소고기는 평평한 접시에 한 장씩 펴서 냉장고에서 해동한다. ··TIP
2 깻잎과 대파는 깨끗이 씻어 물기를 제거한 다음 0.1cm 폭으로 가늘게 채 썬다.
3 볼에 분량의 재료를 넣고 모두 섞어 겨자장을 만든다.
4 해동한 소고기는 소금, 후춧가루를 뿌려 밑간한 뒤 찹쌀가루를 앞뒤로 충분히 묻힌다. ··TIP
5 달군 팬에 식용유를 두르고 앞뒤로 굽는다.
6 접시에 채 썬 깻잎과 파를 각각 담고 소고기찹쌀지짐을 돌려 담은 뒤 겨자장을 곁들인다.

1 소고기찹쌀지짐은 고기가 말리지 않게 굽는 게 포인트. 바트에 펴서 해동해야 구웠을 때 모양이 예쁘다.
4 고기는 찹쌀가루를 앞뒤로 묻히고 구워 고기의 육즙은 살리고 쫄깃한 식감을 살렸다.

연어스테이크

고기 먹기를 부담스러워하는 어른들을 위해 오메가 3가 풍부한 슈퍼푸드 연어스테이크를 준비했어요. 연어는 쉽게 타므로 버터와 포도씨유를 동량으로 넣고 구워 발연점을 높였습니다. 로즈메리를 더해 비린 맛을 잡았어요.

재료 · 2인분

연어(1cm 두께) 2조각, 포도씨유 · 버터 적당량씩, 소금 · 후춧가루 · 로즈메리잎 약간씩, 소스(마요네즈 2큰술, 다진 양파 1큰술, 다진 마늘 1작은술, 꿀 1/2작은술)

이렇게 만드세요

1. 연어는 소금과 후춧가루를 뿌려 밑간한다.
2. 볼에 분량의 소스 재료를 넣고 고루 섞는다.
3. 달군 팬에 포도씨유와 버터를 녹인 다음 연어를 올린다.
4. 연어 위에 로즈메리잎을 얹어 노릇하게 앞뒤로 굽는다. ··TIP
5. 접시에 연어를 담고 그 위에 소스를 곁들여 낸다.

TIP

↳ 연어 위에 로즈메리가루를 뿌리면 음식이 지저분해 보인다. 로즈메리잎을 얹어 모양도 살리고 향을 은은하게 입힌다.

가지된장구이

일본 가정식 스타일로 요리한 가지된장구이예요. 가지는 스펀지처럼 폭신해서 밀가루나 녹말가루를 묻혀 구우면 담백하게 먹을 수 있어요. 길이대로 부쳐 쭉쭉 찢어먹는 맛이 일품입니다.

재료 · 사인분

가지 2개, 녹말가루 8~10큰술, 식용유 약간, **소스**(미소된장 1과 1/2큰술, 매실청 · 마요네즈 1큰술씩, 다진 마늘 1/2큰술, 물엿 · 깨소금 1작은술씩)

이렇게 만드세요

1 가지는 씻어 꼭지를 자른 뒤 모양을 살려 길게 4~5등분한다. ·· TIP
2 볼에 분량의 소스 재료를 넣고 고루 섞는다.
3 가지는 앞뒤로 녹말가루를 묻힌다.
4 달군 팬에 식용유를 두르고 중간불에서 가지를 앞뒤로 굽는다.
5 초벌로 구운 가지는 윗면에 소스를 발라 중약불로 낮춰 굽는다. ·· TIP

TIP

1 가지는 기름을 잘 흡수하므로 작게 써는 것보다 길게 모양을 살려 썰어야 기름을 덜 먹는다.
5 생가지에 양념을 발라 구우면 쉽게 탄다. 가지는 초벌로 구운 뒤 소스를 바르고 약한 불에서 굽는다.

오이송송이

한식은 물론 양식 상차림에도 잘 어울리는 오이겉절이입니다. 김치 대신 곁들이면 상큼해요. 오이는 어슷하게 자르면 빠르게 절일 수 있고 물도 덜 생긴답니다.

재료 · 나인분

오이 2와 1/2개, 부추 · 고춧가루 25g씩, 실파 10g, 설탕 · 다진 마늘 · 새우젓 1작은술씩, 소금 · 다진 생강 약간씩

이렇게 만드세요

1 오이는 소금으로 겉면을 문지른 뒤 물로 씻는다.
2 부추와 실파는 손질해 4~5cm 길이로 썬다.
3 씻은 오이는 2cm 폭으로 어슷 썰어 고춧가루와 소금을 넣고 버무린다. ·· TIP
4 ③에 나머지 양념 재료와 부추, 실파를 넣고 버무려 완성한다.

TIP

3 오이는 어슷하게 썰면 양념을 흡수하는 면적이 넓어져 빠른 시간에 절여지고 양념도 잘 밴다.

홍시셔벗

가을철 당도 높은 홍시를 냉동실에 얼려두었다 하나씩 꺼내 갈아먹으면 스타일리시한 한식 디저트가 완성됩니다. 요즘 마트에는 껍질을 벗긴 냉동 홍시를 쉽게 구할 수 있어요. 플레인요구르트와 함께 갈면 더 달콤하고 부드러워요.

재료 · 나인분
홍시 2개

이렇게 만드세요
1 냉동 홍시는 상온에서 살짝 녹여서 믹서에 간다. ·· TIP
2 볼에 담아 완성한다.

1 홍시는 언 상태로 믹서에 갈면 잘 갈리지 않는다. 표면이 살짝 녹은 상태에서 갈아야 부드럽게 잘 갈린다.

우리 아이를 빛내주는
특별한 생일파티

마카로니샐러드

감자사과샌드위치

꼬치주먹밥

찹쌀탕수육

우유푸딩

엄마의 감각을 담은 생일 테이블

또래 친구가 생긴 아이들은 매일 친구 이야기를 엄마에게 재잘거리며 전합니다. 아이 친구를 초대한 생일날, 엄마는 설렘과 동시에 큰 부담을 느끼게 되죠. 아이들이 좋아할 메뉴 선정부터 행복해할 상차림까지 감각을 발휘하는 일이 쉽지만은 않아요. 캐릭터 케이크와 배달음식 대신 엄마의 감각이 담긴 메뉴로 특별한 생일상을 차려 봤어요. 그린, 블루 등 한 가지 컬러로 식기와 천장 장식을 통일해서 세련된 파티상을 완성했습니다. 아이 입맛에 딱 맞고, 건강도 챙긴 생일 파티상을 공개할게요.

STYLING IDEA

패밀리레스토랑이나 키즈카페에 가지 않아도 얼마든지 멋진 생일 파티의 추억을 만들어줄 수 있다. 부엌 또는 아이 방에 단독 파티 룸을 꾸며보자. 풍선 장식이나 종이 팝업 볼로 천장을 꾸미면 심플하면서도 색다른 분위기가 연출된다.

1 종이 장식으로 천장 꾸미기

파티용품 전문점에서 4,000~6,000원이면 종이 장식을 구입할 수 있다. 여러 가지 컬러를 사용하면 조잡해보이므로 그린톤을 기본으로 비슷한 계열의 컬러를 2~3가지 조합하면 세련된 느낌이 든다. 높낮이를 달리해 배열한다.

2 고깔모자 이름표

생일 파티의 백미는 고깔모자다. 종이 장식과 비슷한 컬러의 머메이드지를 오려 고깔모자를 만들어보자. 솜볼이나 다른 컬러 종이로 장식해도 귀엽다. 모자 위에 초대한 아이들 이름을 써 서빙 접시 위에 올려둬도 좋다.

3 생일 케이크 장식

아이가 좋아하는 캐릭터 케이크도 좋지만 생크림만 올린 심플한 케이크 위에 엄마의 감각을 담은 장식으로 멋을 내보자. 삼각형 모양으로 오린 종이를 끈에 연결한 뒤 꼬치 위에 붙여 깃발처럼 꽂으면 색다르다.

마카로니샐러드

채소를 좋아하지 않는 아이들을 위해 오이, 당근 등을 곱게 다져 달콤한 허니머스터드소스에 버무린 샐러드입니다. 마카로니는 컵에 조금씩 담아 각각 대접해도 좋고 드레싱과 채소를 버무려 샌드위치 속재료로 먹어도 맛있어요.

재료 · 2~3인분

마카로니 50g, 달걀 1개, 오이 1/4개, 당근 1/6개, 소금 약간, **드레싱**(허니머스터드소스 3큰술, 마요네즈 2큰술, 레몬즙 1/2큰술, 꿀·소금·후춧가루 약간씩)

이렇게 만드세요

1 끓는 물에 소금을 약간 넣고 마카로니를 10분간 충분히 삶아 체에 밭친다.
2 달걀은 물이 끓은 뒤 13분간 삶아 껍질을 벗기고 곱게 다진다.
3 오이는 껍질째 씻어 씨를 도려내고 다진다. 당근도 곱게 다진다. ··TIP
4 볼에 분량의 드레싱 재료를 담고 고루 섞는다.
5 드레싱과 다진 달걀, 마카로니, 오이, 당근을 모두 넣고 버무린다.

TIP

3 오이는 씨를 빼고 다져야 물기가 생기지 않는다. 달걀노른자는 체에 내리면 으깨지지 않고 곱게 다져진다.

감자사과샌드위치

바게트 속을 파고 아삭아삭한 사과와 부드러운 감자 소를 채워 이색적인 모양의 샌드위치를 만들었어요. 속재료를 미리 만들어 빵에 넣으면 냉장보관해도 수분 때문에 빵이 굳지 않아요.

재료 · 2인분

바게트(또는 식빵) 1/2개, 양배추 100g, 감자 · 사과(작은 것) · 양파 1개씩, 오이 1/2개, 당근 약간, 마요네즈 6큰술, 소금 1과 1/3작은술

이렇게 만드세요

1. 감자는 껍질을 벗기고 6등분한 뒤 냄비에 담는다. 감자가 살짝 잠길 정도로 물을 붓고 삶는다.
2. 감자가 익으면 물을 따라 버리고 소금 1/3작은술을 넣고 분을 내어 으깬다.
3. 양파와 오이는 얇게 채 썰어 소금 1작은술을 넣고 10분간 절인 뒤 물기를 꼭 짠다. ··TIP
4. 양배추는 감자 칼로 채 썰고 사과는 껍질째 슬라이스한 뒤 씨를 제거하고 채 썬다. 당근도 채 썬다.
5. 볼에 모든 재료를 넣고 섞어 준 다음 마요네즈를 넣고 버무린다.
6. 바게트는 집게로 속을 판 다음 ⑤를 채워 넣은 뒤 10cm 폭으로 잘라 완성한다. ··TIP
7. 바게트에 꼬치를 끼운 뒤 동그랗게 썬 오이를 꽂아 바퀴를 만든다.

TIP

3 오이와 양파는 절였다가 물기를 꼭 짜야 샌드위치 속이 아삭하다.
6 바게트 속은 집게로 집어 한쪽으로 돌려 파내고 젓가락으로 채워 넣는다.

꼬치주먹밥

주먹밥을 구우면 모양도 잘 잡히고 바삭한 식감이 생겨 아이들 입맛에 딱 맞아요. 베이컨과 새우, 밥을 꼬치에 꽂아 핑거푸드를 완성했습니다. 아이들이 쉽게 먹을 수 있도록 꼬치주먹밥은 낮은 플라스틱 컵에 담아주세요.

재료 · 4인분

밥 2공기(420g), 대하 10마리, 베이컨 5장, 식용유 · 소금 약간씩, **소스**(간장 2큰술, 매실청 1큰술, 맛술 2작은술, 설탕 1작은술)

이렇게 만드세요

1. 팬에 분량의 소스 재료를 담고 고루 섞어 중간불에서 걸쭉하게 졸인다.
2. 끓는 물에 소금을 넣고 대하를 살짝 데친다.
3. 베이컨은 길게 반으로 잘라 그 위에 대하를 놓고 돌돌 만다. ··TIP
4. 비닐장갑을 끼고 밥을 둥글납작하게 모양을 잡는다. 달군 팬에 식용유를 두르고 앞뒤로 살짝 구워 소스를 바른다.
5. 밥을 구운 팬에 대하를 굽다가 소스를 바른다. ··TIP
6. 주먹밥과 대하를 꼬치에 꽂아 완성한다.

3 베이컨은 가로로 반 자른 뒤 새우를 돌돌 말아 이쑤시개로 고정해 모양을 잡는다.
5 베이컨 자체에 짠맛이 있으므로 대하에는 소스를 살짝만 바른다.

찹쌀탕수육

쫄깃한 식감이 일품인 탕수육입니다. 등심 한 장씩 찹쌀가루를 섞어 반죽한 뒤 그대로 튀겨 아이들이 먹기 좋은 크기로 자르세요. 보통 소스를 끓일 때 각종 채소를 곁들이지만 고기 맛을 살리기 위해 단순하게 조리했답니다.

재료 · 2인분

돼지고기(돈가스용 등심) 3장, 물 100㎖, 녹말가루 65g, 찹쌀가루 35g, 청주 2큰술, 포도씨유 1큰술, 소금 · 후춧가루 약간씩, 식용유 적당량, **소스**(물 200㎖, 설탕 · 식초 3큰술씩, 녹말물 2큰술, 간장 · 맛술 1큰술씩, 생강 편 1쪽)

이렇게 만드세요

1 돼지고기는 청주, 소금, 후춧가루를 넣고 조물조물해 30분간 잰다. ··TIP
2 녹말가루와 물, 찹쌀가루, 포도씨유를 섞어 반죽을 만든다.
3 밑간한 고기를 ②에 골고루 묻힌 뒤 170℃로 예열한 식용유에 튀긴다.
4 팬에 분량의 소스 재료를 넣고 끓이다가 녹말물을 넣어 농도를 맞춘다. ··TIP
5 그릇에 탕수육을 담고 소스를 붓는다.

1 돼지고기는 칼등으로 두드린 뒤 밑간해야 간이 잘 배어 맛있다.
4 반죽은 되직하게 만들어 고기에 두껍게 발라야 튀김옷이 두툼해 식감이 좋다.

우유푸딩

부드럽고 달콤해 아이들이 좋아하는 우유푸딩. 캐러멜을 넣어 더욱 달콤하게 만들었어요. 파티 디저트로도 좋지만 예쁘게 포장해서 집으로 돌아가는 길에 하나씩 들려보내면 멋진 음식 선물이 됩니다.

재료 · 6인분(요구르트병 6개)

우유 300㎖, 생크림 80㎖, 달걀 · 달걀노른자 1개씩, 설탕 3과 1/2큰술, 바닐라 에센스 약간, **캐러멜**(설탕 5큰술, 물 60㎖)

이렇게 만드세요

1 팬에 물을 붓고 끓으면 설탕을 나눠서 넣으면서 센 불에서 설탕이 녹을 때까지 끓인다. 설탕이 녹으면 약한 불로 줄여 갈색이 날 때까지 끓여 유리병에 0.2~0.3cm 높이로 붓는다. ··TIP
2 냄비에 우유, 생크림 넣고 약한 불에서 끓이다가 거품이 생기기 시작하면 불을 끄고 바닐라 에센스를 넣어 젓는다.
3 볼에 달걀을 담고 거품기로 푼 뒤 설탕을 넣어 한 방향으로 섞는다.
4 ③에 ②를 넣으면서 저은 뒤 체에 두 번 거른다.
5 만들어 놓은 병에 ④를 70% 정도 채운다.
6 160℃로 예열한 오븐에서 중탕으로 30~40분간 굽는다. ··TIP

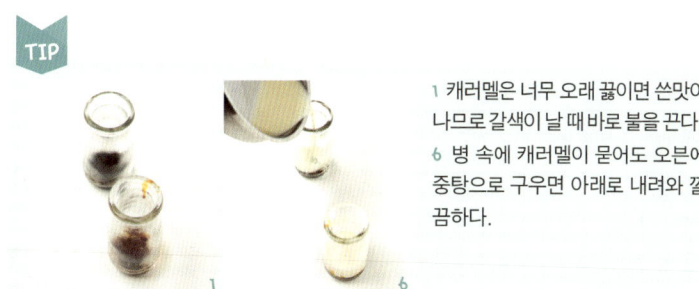

TIP

1 캐러멜은 너무 오래 끓이면 쓴맛이 나므로 갈색이 날 때 바로 불을 끈다.
6 병 속에 캐러멜이 묻어도 오븐에 중탕으로 구우면 아래로 내려와 깔끔하다.

바로 만들어 더 맛있는
중화요리

———— ◈ ————

만두피컵참치샐러드

칠리새우

누룽지탕

해물볶음우동

정갈하고 풍성한
우리 집 중식당

어릴 적 짜장면 한 그릇은 상을 받는 것처럼 특별한 날에만 가능했던 가족 외식과 다름 없었지요. 짜장면과 탕수육으로 기억되는 중국집의 추억 대신 요즘 인기 있는 중식당의 정갈한 메뉴의 상차림을 제안할까 해요. 남녀노소 누구나 좋아하는 칠리새우와 해물볶음우동 등 고급스러운 메뉴로 우리 집 중식당을 열어봤어요. 핑거푸드처럼 먹을 수 있는 만두피컵참치샐러드를 1인분씩 애피타이저로 서브하고 메인 요리, 따듯한 탕요리까지 선보였어요.

STYLING IDEA

초대 상차림의 콘셉트에 따라 식탁 분위기를 다르게 연출하고 싶다면 다양한 테이블보 컬러를 활용하자. 블루, 그린, 레드 등 강렬한 분위기를 자아내는 테이블보를 한두 가지 구비하면 좋다. 패턴 접시는 손님 대접의 일등 공신이 되어주는데 접시의 패턴과 테이블보 컬러를 같은 톤으로 통일하면 세련된 느낌을 살릴 수 있다.

1 패턴 접시 스타일링

어느 집에나 손님 초대용 패턴 접시는 한두 종류 구비하고 있을 터. 귀한 손님맞이를 위해 안 쓰던 접시를 내는 느낌으로 과감한 디자인의 테이블웨어를 꺼내보자. 구성이 맞지 않을 때는 패턴과 같은 컬러의 단색 접시를 믹스매치하는 등 변형해도 좋다.

2 리본 장식 커트러리

초대상의 격식은 작은 디테일에서 온다. 흔히 사용하는 젓가락 받침 대신 젓가락에 리본을 맨 뒤 볼 위에 올려 로맨틱한 느낌을 연출해보자. 이때 리본은 접시와 같은 컬러 계열로 맞춰야 고급스러워 보인다.

만두피컵참치샐러드

만두피로 컵을 만들어 1인분씩 대접하기 좋은 핑거푸드 샐러드를 완성했습니다. 참치샐러드 외에 다른 요리에 활용해도 좋아요. 단 샐러드를 오래 담아두면 만두피컵이 눅눅해질 수 있으므로 서브할 때 바로 담으세요.

재료 · 2인분(5개)

만두피 5장, 참치(통조림) 1캔(100g), 양파 40g, 허니머스터드 1큰술, 마요네즈 1작은술, 건포도 5개, 식용유 약간

이렇게 만드세요

1 머핀 틀에 만두피를 눌러 넣는다(에어프라이어 이용 시 은박컵 이용). ••TIP
2 만두피 위에 식용유를 살짝 바르고 200℃로 예열한 오븐에서 8~10분간 굽는다(에어프라이어 이용 시 180℃로 7분). 오븐망에 올려 식힌 다음 틀에서 분리한다.
3 참치는 체에 밭쳐 기름을 뺀 뒤 포크로 으깬다. 양파는 곱게 다진다. ••TIP
4 볼에 참치, 다진 양파를 담고 허니머스터드와 마요네즈를 넣어 고루 섞는다.
5 구운 만두피 위에 ④를 소복하게 담은 뒤 건포도를 올려 완성한다.

TIP
1 만두피는 한 장씩 떼어 머핀 틀 안쪽으로 밀어 넣는다.
3 참치는 그대로 사용하면 퍽퍽하다. 포크로 결결이 찢어 요리해야 살이 부드럽다.

칠리새우

중국집 인기 메뉴 칠리새우를 집에서 쉽게 만들 수 있는 노하우를 소개할게요. 새우는 두 번 튀겨서 바삭하게 요리하는 게 중요해요. 아이들이 먹을 경우 고추 대신 파프리카를 넣어 맵지 않게 완성하세요.

재료 · 3인분

킹새우 20마리(200g), 튀김가루 7큰술, 물 5큰술, 소금 1큰술, 식용유 적당량, **소스**(홍·청고추 1개씩, 양파 1/2개, 토마토케첩 4큰술, 물 2큰술, 설탕·레몬즙 1작은술씩) **고추기름**(식용유 4큰술, 고춧가루 1큰술)

이렇게 만드세요

1. 물 400㎖에 소금을 넣고 킹새우를 담가 해동한다. 녹으면 찬물로 헹궈 물기를 뺀다.
2. 체에 고춧가루를 담고 끓는 식용유를 부어 고추기름을 만든다. ··TIP
3. 청·홍고추와 양파는 0.5cm 크기로 다진다.
4. 달군 팬에 고추기름을 두르고 고추와 양파를 넣고 양파가 투명해질 때까지 볶다가 토마토케첩, 물, 설탕, 레몬즙을 넣고 고루 섞어 소스를 완성한다.
5. 튀김가루와 물을 섞어 반죽한 뒤 새우에 튀김옷을 입혀 170~180℃의 식용유에서 두 번 바삭하게 튀긴다. ··TIP
6. 소스와 튀김을 버무려 그릇에 담는다.

TIP

2 체에 종이 키친타월을 깔고 고춧가루를 담은 뒤 끓는 식용유를 부으면 쉽게 고추기름을 만들 수 있다.
5 튀김을 소스에 묻히는 요리를 할 때는 튀김옷을 일반 튀김보다 되직하게 해야 맛있다.

누룽지탕

남녀노소 누구나 좋아하는 누룽지탕은 탕수육, 칠리새우 등과 함께 내면 밥 대용으로 구수하게 즐길 수 있어요. 뜨거울 때 상에 낸 뒤 끓는 소스를 부으면 파지직~하는 특유의 소리가 미각을 자극합니다.

재료 · 2인분

중국 누룽지 4개, 모둠 해물(냉동) 300g, 치킨육수(만드는 법 P20 참고) 600㎖, 청경채 3개, 표고버섯 2개, 죽순 · 청 · 홍피망 1/2개씩, 청주 · 굴소스 2큰술씩, 소금 · 다진 마늘 · 간장 1큰술씩, 설탕 1작은술, 식용유 적당량, 대파 · 생강 · 참기름 · 후춧가루 약간씩, **녹말물**(녹말 · 물 2큰술씩)

이렇게 만드세요

1. 모둠 해물은 물 1ℓ에 소금을 넣은 소금물에 해동한 뒤 찬물로 헹궈 물기를 제거한다.
2. 청경채는 꼭지 부분을 1cm 정도 자른다. 표고버섯은 꼭지를 떼고 채 썬다. 죽순은 빗살 모양을 살려 채 썬다. 피망은 사방 2.5cm 크기로 썰고 대파와 생강은 채 썬다.
3. 달군 팬에 식용유를 두르고 채 썬 대파와 생강, 다진 마늘을 볶는다.
4. ③에 손질한 해물을 넣고 볶다가 청주를 부어 센 불에서 비린내를 없애 다시 볶는다. 청경채를 제외한 남은 채소를 다 넣고 볶는다.
5. 굴소스와 간장, 설탕을 넣고 볶다가 치킨육수를 넣고 끓이면 후춧가루를 뿌린 뒤 녹말물로 농도를 맞춘다.
6. ⑤에 청경채를 넣고 숨이 죽을 때까지 볶은 뒤 참기름을 넣어 마무리한다.
7. 먹기 직전 180℃의 식용유에 누룽지를 튀긴다.
8. 그릇에 누룽지를 담고 ⑥의 소스를 부어 완성한다. ··TIP

TIP

8 누룽지를 그릇에 담고 불에서 바로 내린 소스를 부어야 맛있는 소리가 난다.

해물볶음우동

각종 해물과 채소를 넣고 굴소스로 볶은 볶음우동은 밥반찬은 물론 술안주로도 잘 어울립니다. 바지락육수 대신 치킨스톡을 넣어도 됩니다. 취향에 따라 채소는 더하거나 빼세요.

재료 · 2인분

모둠 해물(냉동) 200g, 우동 1인분(200g), 숙주 50g, 마른 고추 1개, 청 · 홍피망 1/4개씩, 양파 1/4개, 양배추 1/8개, 바지락육수(바지락 200g, 물 120ml), 소금 1큰술, 다진 마늘 1/2작은술, 청주 · 소금 · 후춧가루 · 식용유 약간씩, **소스**(굴소스 · 고춧가루 1큰술씩, 두반장 · 설탕 1작은술씩)

이렇게 만드세요

1 바지락은 해감해 냄비에 담고 물을 붓고 끓여 육수를 낸다.
2 모둠 해물은 물 1ℓ에 소금을 넣고 해동해 찬물로 헹군다.
3 볼에 분량의 소스 재료를 넣고 모두 섞는다.
4 숙주는 씻고 피망과 양파, 양배추는 채 썬다. 마른 고추는 3등분한다.
5 끓는 물에 우동을 삶아 체에 밭친다.
6 달군 팬에 식용유를 두르고 다진 마늘, 마른 고추를 넣고 볶는다. ··TIP
7 ⑥에 해동한 해물을 넣고 센 불에서 볶다가 청주를 넣어 비린내를 없앤다.
8 육수를 냈던 바지락과 채소를 넣고 가볍게 볶은 뒤 우동과 바지락육수, 소스를 넣고 볶는다.
9 마지막으로 소금, 후춧가루로 간한 뒤 숙주를 넣어 버무린다.

6 다진 마늘과 마른 고추는 센 불에서 먼저 볶아야 향이 충분히 우러나온다.

우리 엄마 최고!
어린이날 홈 파티

치킨망고샐러드

햄버거

감자그라탱

초콜릿사브레

5월의 주인공을 위한 엄마표 식탁

행사가 많은 5월의 백미는 어린이날이 아닐까요? 사정상 집에서 어린이날을 보내게 되었다면 친한 친구 몇몇 모아 홈 파티를 열어 주세요. 요즘은 어린이집에서도 엄마의 정성이 가득 담긴 음식을 싸와 포틀럭 파티를 하는 경우가 많아요. 어린이날 파티 메뉴는 아이 입맛을 고려한, 스스로 먹기 쉬운 쪽으로 신경 써야 할 거예요. 미니 햄버거, 꼬치 등 고사리 손과 입에 맞는 핑거푸드와 달콤하고 부드러운 메뉴로 궁합을 맞추세요. 식탁 위엔 테이블보 대신 종이를 깔아 음식을 기다리는 동안 그림을 그리면서 지루함을 달랠 수 있도록 배려해주세요.

STYLING IDEA

어린이날이나 아이 생일 파티는 집에서 준비하면 음식은 물론 테이블세팅에도 꽤나 신경이 쓰인다. 아이들이 좋아하는 키즈카페 분위기를 컬러 매치를 통해 간단하게 내본다. 떨어뜨려도 안전한 플라스틱 용기를 컬러별로 엇갈려서 두고 식탁 위를 스케치북처럼 꾸미면 즐거움은 배가 된다.

1 언밸런스한 컬러 배합

이케아나 모던하우스 등에서 판매하는 컬러풀한 플라스틱 용기를 적극 활용해본다. 그린, 퍼플, 오렌지 등 보통 컬러별로 짝을 맞춰 1인 세팅을 하는데 그린과 블루, 퍼플과 옐로 등 비슷한 계열의 컬러를 믹스매치하면 테이블이 한결 생기 있어 보인다.

2 스케치북으로 꾸민 식탁

전지를 구입해 식탁에 깔고 번지지 않는 사인펜으로 꽃이나 왕관 등 파티에 어울리는 그림을 그린다. 그 위에 크레파스를 담은 컬러 컵을 두자. 음식을 기다리면서 아이들이 낙서를 하거나 그림을 그릴 수 있어 흥미로워한다.

치킨망고샐러드

아이들이 좋아하는 케이준샐러드에 망고를 더해 보기도 좋고 맛도 달콤한 레시피로 변형했어요. 빵가루 대신 크래커를 부숴 만든 튀김옷으로 튀긴 치킨은 고소함이 두 배입니다.

재료 · 4인분

닭고기(안심) 5장, 망고 · 양상추 1/2개씩, 치커리 5장, 크래커 20개, 물 7큰술, 튀김가루 5큰술, 식용유 적당량, 화이트와인 · 소금 · 후춧가루 약간씩, 소스(마요네즈 4큰술, 씨겨자(또는 머스터드) · 꿀 2큰술씩, 다진 양파 · 레몬즙 1큰술씩)

이렇게 만드세요

1 볼에 분량의 소스 재료를 넣고 잘 섞는다.
2 닭고기는 가운데 심지를 칼로 도려내고 화이트와인, 소금, 후춧가루를 넣고 조물조물해 30분 이상 밑간한다.
3 양상추와 치커리는 깨끗이 씻어 물기를 뺀 뒤 먹기 좋게 자른다.
4 망고는 반으로 잘라 바둑판 모양으로 칼집을 낸 뒤 숟가락으로 속살을 떠낸다. ·· TIP
5 비닐 팩에 크래커를 담고 잘게 부순다. ·· TIP
6 밑간한 닭고기는 튀김가루→ 물과 튀김가루를 섞은 반죽→ 크래커를 묻혀 180℃의 식용유에서 노릇하게 튀긴다.
7 접시에 양상추와 치커리를 담고 망고를 얹은 다음 튀긴 닭을 얹는다. 소스를 뿌려 먹는다.

TIP

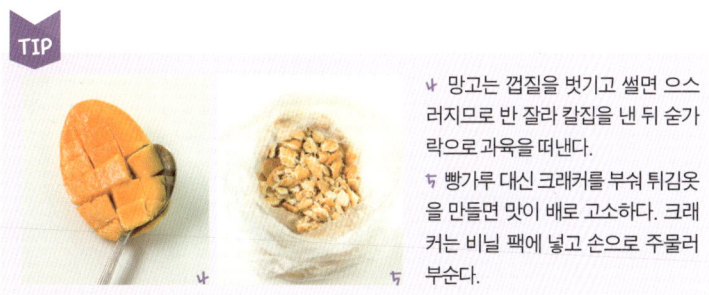

4 망고는 껍질을 벗기고 썰면 으스러지므로 반 잘라 칼집을 낸 뒤 숟가락으로 과육을 떠낸다.
5 빵가루 대신 크래커를 부숴 튀김옷을 만들면 맛이 배로 고소하다. 크래커는 비닐 팩에 넣고 손으로 주물러 부순다.

햄버거

바비큐 소스로 맛을 한 단계 업그레이드한 햄버거예요. 작은 사이즈의 오징어먹물빵에 패티를 넣어 아이들이 먹기 좋아요.

재료 • 4인분

모닝빵 4개, 슬라이스 치즈 4장, 토마토 1개, 로메인·치커리 적당량씩, 마요네즈·머스터드소스 1큰술씩, 식용유 약간, **패티**(소고기(간 것) 200g, 돼지고기(간 것) 100g, 빵가루 50g, 양파 1/3개, 셀러리 40g, 버터 1큰술, 소금 1/2작은술, 밀가루·후춧가루 약간씩), **소스**(토마토케첩 4큰술, 포도주·돈가스소스 2큰술씩, 물 5큰술, 월계수잎 1장)

이렇게 만드세요

1 토마토는 씻어 0.5cm 두께로 슬라이스한다. 로메인과 치커리는 깨끗이 씻어 물기를 제거한다. 양파와 셀러리는 곱게 다진다.
2 달군 팬에 버터를 넣고 녹으면 양파와 셀러리를 충분히 볶는다.
3 볼에 소고기, 돼지고기, 빵가루를 담고 볶은 양파와 셀러리, 소금, 후춧가루를 넣어 반죽한다.
4 반죽은 70g씩 떼어 치대며 둥글납작하게 만들어 밀가루를 묻힌다. ••TIP
5 달군 팬에 식용유를 두른 뒤 센 불에서 고기 패티를 앞뒤로 굽다가 뚜껑을 덮고 약한 불에서 7~8분간 구워 완성한다. ••TIP
6 다른 팬에 분량의 소스 재료를 모두 넣고 잘 저으면서 끓인다. 한소끔 끓으면 약한 불로 줄여 걸쭉할 때까지 졸인다.
7 모닝빵은 반으로 잘라 한쪽에는 마요네즈, 다른 쪽에는 머스터드소스를 바른다.
8 마요네즈를 바른 빵 위에 로메인→패티→슬라이스 치즈→소스→치커리→토마토→빵 순서대로 얹는다.

↳ 반죽은 양손으로 왔다 갔다 하며 박수치듯 동그랗게 뭉친다. 가운데를 눌렀을 때 가장자리가 갈라지지 않으면 된다.

↳ 패티는 센 불에서 구우면 겉만 타고 속은 익지 않는다. 겉면이 색이 나면 불을 약하게 줄이고 뚜껑을 덮어 완전히 익힌다.

감자그라탱

뜨거운 우유 속에서 보드라운 감자를 건져 먹는 듯한 느낌으로 촉촉하게 만든 프랑스식 그라탱이에요. 일반적인 그라탱보다 완성 후에도 국물이 조금 남아있어 담백하지요.

재료 · 4인분
감자 2~3개, 우유 · 생크림 100㎖씩, 소금 1/3작은술, 모차렐라치즈 적당량, 버터 · 후춧가루 약간씩

이렇게 만드세요
1 우유와 생크림은 합하여 섞은 뒤 소금, 후춧가루로 간한다.
2 감자는 껍질을 벗기고 0.5cm 두께로 일정하게 썬다.
3 그라탱 용기에 버터를 바른다. ··TIP
4 ③ 위에 감자를 겹겹이 쌓아 올린다.
5 용기 안에 ①을 70% 정도 차도록 붓고 그 위에 모차렐라치즈를 뿌린다.
6 160℃로 예열한 오븐에 50분간 굽는다 (에어프라이어 이용 시 150℃로 50분).

TIP

3 오븐 용기에 단단한 버터를 바르기가 쉽지 않다. 나이프보다 포크로 버터를 찍어 문지르듯이 바르면 훨씬 수월하다.

초콜릿사브레

달콤하고 파삭한 초콜릿사브레는 우유와 함께 먹으면 좋은 간식입니다. 반죽 채로 냉동실에 두었다가 필요할 때마다 썰어 구우면 되어요. 또는 냉동실에 넣기 전에 모양을 원하는 대로 만들어 굳혀도 좋아요.

재료 · 2인분
버터(무염) · 황설탕 · 아몬드가루 50g씩, 박력분 40g, 코코아가루 10g, 소금 1g

이렇게 만드세요
1 버터는 말랑해질 때까지 상온에 둔다.
2 버터를 거품기로 풀어 황설탕과 소금을 넣어 잘 섞는다.
3 ②에 아몬드가루, 박력분, 코코아가루를 넣고 가루가 보이지 않을 때까지 주걱으로 섞는다.
4 반죽을 둥글게 밀어 원통 모양으로 만든 다음 유산지에 싼다. ••TIP
5 ④를 냉동실에 넣고 딱딱해질 때까지 1시간 휴지한다.
6 0.5~0.7cm 두께로 썰어 160℃로 예열한 오븐에서 13~15분간 굽는다. ••TIP
7 구운 사브레는 완전히 식혀서 딱딱해지면 먹는다.

TIP

4 가루가 서로 섞여서 덩어리로 뭉쳐지면 유산지 위에 올린 뒤 밀어 쉽게 모양을 잡는다.
6 냉동실에서 휴지한 반죽은 딱딱할 때 칼로 썬다.

취향껏 골라먹는 재미,
뷔페 요리

오리엔탈드레싱샐러드

유자에이드

크루통새우

마파가지

파에야

떡잡채

과일꼬치

◈

함께 밥 먹는 기쁨,
영혼을 배불리는 식탁으로의 초대

가족 모임을 가장 담백하게 표현하자면 '모여서 밥 먹기'일 겁니다. 개개인의 입맛에 맞춰 식당을 고르기 힘들 때 우리는 가장 쉽게 뷔페를 떠올립니다. 각자 취향껏 음식을 고르고 자유롭게 이야기를 나눌 수 있기 때문입니다. 요즘은 집으로 출장 뷔페를 부르는 풍경도 쉽게 찾아볼 수 있어요. 하지만 1인당 4만~5만 원 하는 비용이 가볍게 느껴지진 않아요. 가족을 위해 준비한 식사는 모두에게 풍족함과 만족감을 주어 서로의 유대감을 더 끈끈하게 해줘요. 섞기만 하면 되는 샐러드부터 정성스레 준비한 떡잡채까지… 간단한 음식부터 푸짐한 것까지 고루 섞어 다양하게 꾸몄습니다.

STYLING IDEA

5인 이상을 초대할 때는 메인 요리와 핑거 푸드를 적절히 섞은 뷔페상이 효율적이다. 여러 가지 컬러나 분위기의 테이블웨어를 믹스매치하는 일이 쉽지 않으므로 심플한 화이트를 메인 컬러로 정한다. 긴 세로 접시, 3단 트레이, 나무 도마 등으로 식기 모양을 변형해 지루하지 않은 테이블 데커레이션을 완성하자.

1 1인용 커트러리 세팅

각자 원하는 음식을 덜어먹는 뷔페일수록 호스트의 배려의 마음을 보여주는 센스를 발휘한다. 편지봉투를 잘라 스탬프를 찍은 뒤 스푼, 포크를 넣고 개인 접시 위에 올려두어 서브하기 좋게 놓는다.

2 자연 소재 소품으로 스타일링

모던하고 심플한 화이트 데커레이션에는 자연 소재 소품을 활용하면 고급스럽다. 냅킨을 쌓은 뒤 조약돌을 올려 고정시키거나 유리 볼에 조약돌을 깐 뒤 초를 켜는 등 내추럴한 분위기로 완성한다.

3 음식에 대한 정보를 알려주는 메뉴꽂이

머메이드지나 패턴지를 오려 메뉴 이름을 적은 뒤 요리용 꼬치에 붙여 해당 음식에 꽂는다. 음식에 대한 정보를 줄 수 있을 뿐 아니라 자연스럽게 대화의 소재가 늘어나 식사하는 동안 정겨운 분위기를 이어가게 된다.

오리엔탈드레싱샐러드

통깨를 듬뿍 넣어 고소한 맛이 나는 드레싱은 샐러드는 물론 구운 버섯, 감자 등의 채소와도 잘 어울립니다. 고소하고 감칠맛이 나서 아이, 어른 다 맛있게 먹을 수 있어요.

재료 · 2~3인분

샐러드채소 300g, **드레싱**(마요네즈 5큰술, 통깨 1과 1/2큰술, 양파 20g, 레몬즙 · 맛술 1큰술씩, 간장 · 설탕 1/2큰술씩)

이렇게 만드세요

1 믹서에 분량의 드레싱 재료를 한꺼번에 간다.
2 샐러드채소는 깨끗이 씻어 찬물에 담갔다 물기를 뺀다.
3 접시에 채소를 담고 드레싱을 곁들인다.

유자에이드

한식과 중식 등 다양한 메뉴를 준비했을수록 느끼함을 잡아줄 수 있는 음료가 필요합니다. 새콤달콤한 유자청으로 에이드를 만들었어요.

재료 • 1인분
유자청 30g, 탄산수 180㎖

이렇게 만드세요
1 유자청은 가위로 잘게 다져 컵에 넣는다. ··TIP
2 탄산수를 넣고 고루 섞어 완성한다.

TIP
1 유자청 대신 시판 유자캡슐을 사용하면 편하다.

크루통새우

바삭한 식빵에 새우를 얹은 핑거푸드로 접대하기 좋은 음식이에요. 설탕 대신 사과로 단맛을 내 시원한 맛이 일품이죠. 샌드위치 소로 활용해도 됩니다.

재료 · 4인분

식빵 2장, 꽃새우 100~150g, 사과 1/4개, 양파 50g, 셀러리 적당량, 청주 약간, 소스(마요네즈 2큰술, 씨겨자 1/2작은술, 소금·후춧가루 약간씩)

이렇게 만드세요

1 청주를 약간 넣은 끓는 물에 새우를 넣고 데친 뒤 체에 밭쳐 물기를 뺀다.
2 사과와 양파, 셀러리는 곱게 다진다.
3 볼에 분량의 소스 재료를 넣고 섞는다.
4 볼에 꽃새우와 다진 사과, 양파, 셀러리를 섞은 뒤 소스를 넣고 버무린다.
5 식빵은 가장자리를 자르고 바삭하게 토스트해 칼로 썬다. ••TIP
6 식빵 위에 ④를 올려 완성한다.

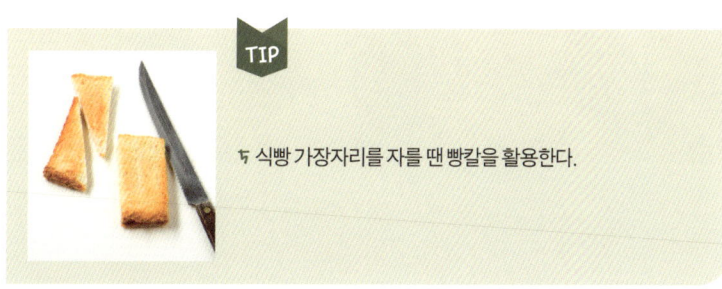

TIP
5 식빵 가장자리를 자를 땐 빵칼을 활용한다.

마파가지

중국식 마파두부에 가지를 넣어 맛은 물론 영양까지 챙겼어요. 두부는 녹말가루를 묻혀 튀기면 양념이 잘 배고 모양도 흐트러지지 않지요. 밥 위에 올려 덮밥으로 즐겨도 좋습니다.

재료 · 4인분

가지 2개, 두부 1모, 돼지고기(다진 것) 100g, 치킨육수(만드는 법 P18 참고) 240㎖, 홍고추 · 말린 고추 2개씩, 대파 1/2대, 고추기름 3큰술, 다진 마늘 1큰술, 소금 2작은술, 식용유 적당량, 생강 · 녹말가루 · 후춧가루 · 참기름 약간씩, **녹말물**(녹말가루 · 물 1큰술씩), **소스**(맛술 3큰술, 두반장 · 굴소스 1큰술씩, 고춧가루 · 고추기름 1작은술씩, 소금 약간)

이렇게 만드세요

1 가지는 꼭지를 떼고 3~4등분한 뒤 스틱 모양으로 4등분해 썬다. 소금을 뿌려 10분간 절였다가 물기를 짠다. ⋯TIP
2 홍고추, 대파, 생강은 채 썬다. 말린 고추는 가위로 작게 자른다.
3 두부는 물기를 제거한 뒤 사방 3cm 크기로 썬다.
4 녹말가루와 물을 섞어 녹말물을 불린다.
5 분탕의 재료를 모두 섞어 소스를 만든다.
6 두부는 녹말가루를 사방으로 묻힌 뒤 달군 팬에 식용유를 넉넉히 두르고 모든 면을 지져 그릇에 옮겨둔다. ⋯TIP
7 다른 팬에 고추기름을 두르고 센 불에서 홍고추, 대파, 생강, 말린 고추, 다진 마늘을 넣고 볶는다.
8 향이 나면 돼지고기를 넣고 볶다가 가지를 넣고 볶는다. 치킨육수와 소스를 넣어 고루 섞는다.
9 두부를 넣어 끓이다가 녹말물을 부어 농도를 맞춘 뒤 불을 끄고 참기름과 후춧가루를 넣어 완성한다.

1 가지를 소금에 절이면 간이 배고 물기가 제거되어 볶았을 때 맛있다.
6 녹말가루를 묻힌 두부는 사방 모든 면을 지져야 잘 익는다.

파에야

스페인의 국민 음식인 파에야를 한국인의 입맛에 맞게 만들었어요. 해산물을 듬뿍 얹고 카레가루로 볶아 폼나면서 풍미가 좋은 볶음밥을 완성했습니다. 취향에 따라 토마토소스를 더해 요리해도 좋아요.

재료 · 2인분

쌀 160g, 바지락육수(바지락 400g, 물 300ml), 오징어 1마리, 그린 홍합 4개, 흰다리새우 3마리, 양파·청·홍피망 1/2개씩, 화이트와인 2큰술, 다진 마늘 1큰술, 카레가루(또는 강황) 3작은술, 올리브유 적당량, 소금 약간

이렇게 만드세요

1 바지락은 해감해 냄비에 담고 물을 부어 끓여서 육수를 낸다.
2 쌀은 씻어서 30분간 체에 밭쳐 불린다.
3 오징어는 내장을 빼고 몸통은 링 모양으로 썰고 다리는 가닥가닥 썬다. 새우는 이쑤시개로 내장을 뺀다. 그린 홍합은 소금물에 담가 해동한 뒤 찬물에 헹궈 물기를 뺀다.
4 양파와 피망은 사방 2~3cm 크기로 썬다.
5 달군 팬에 올리브유를 두르고 다진 마늘과 양파, 피망을 넣고 볶는다.
6 ⑤에 오징어, 그린 홍합, 새우를 넣고 볶다가 화이트와인을 넣어 잡내를 없앤 다음 카레가루 1작은술을 넣고 센 불에서 볶아 따로 덜어둔다.
7 같은 팬에 다시 올리브유를 두르고 약한 불에서 다진 마늘을 볶아 향이 나면 쌀을 볶는다. ··TIP
8 ⑦에 바지락육수를 조금씩 부어가면서 쌀을 익힌다. 3~4번 반복해서 쌀을 익혀주다가 다 익으면 남은 카레가루를 넣어 볶는다.
9 미리 익힌 해물과 채소를 모두 넣고 마지막으로 센 불에서 볶아 마무리한다.

7 다진 마늘을 먼저 볶다가 쌀을 넣고 육수 순으로 넣어야 마늘 향이 살아 풍미가 좋고 쌀이 퍼지지 않아 식감이 좋다.

떡잡채

당면 대신 떡을 이용해 밥 메뉴 없이도 배가 든든한 떡잡채를 만들었어요. 모양도 단정하고 영양도 풍부해 뷔페상의 메인 요리로 그만입니다. 떡은 살짝 굳힌 다음 썰어야 쉽게 썰려요.

재료 · 2~3인분

떡볶이 떡 220g, 소고기(잡채용) 120g, 표고버섯(말린 것) 3개, 시금치 1/2단, 양파 · 홍고추 1/2개씩, 당근 1/8개, 소금 · 후춧가루 · 깨소금 적당량씩, 식용유 약간, **고기표고버섯 양념**(간장 1큰술, 설탕 2작은술, 다진 파 1작은술, 다진 마늘 1/2작은술, 참기름 · 깨소금 · 후춧가루 약간씩), **떡 양념**(간장 1작은술, 설탕 1/2작은술), **덧간**(간장 · 설탕 1작은술씩, 참기름 · 깨소금 · 후춧가루 약간씩)

이렇게 만드세요

1 표고버섯은 물에 불려 꼭지는 떼고 물기를 짜서 채 썬다.
2 소고기와 표고버섯을 함께 섞어 분량의 양념을 넣고 조물조물 밑간한다.
3 시금치는 뿌리를 제거하고 물로 씻어 여러 번 헹군다.
4 끓는 물에 소금을 넣고 시금치를 살짝 데친 뒤 찬물에 헹궈 물기를 꼭 짠다.
5 데친 시금치는 소금, 후춧가루, 깨소금을 약간 넣고 조물조물한다.
6 양파, 당근, 홍고추는 모두 0.5cm 길이로 길게 채 썬다.
7 달군 팬에 식용유를 살짝 두르고 양파를 볶다가 소금과 후춧가루를 약간 넣어 볶는다. 같은 팬에 당근과 홍고추를 볶다가 소금과 후춧가루를 약간 넣고 볶는다. ·· TIP
8 떡볶이 떡은 냉장고에 넣어 살짝 굳힌 다음 길게 4등분하여 잘라 끓는 물에 살짝 데친다. ·· TIP
9 달군 팬에 떡을 볶아 물기를 뺀 뒤 식용유를 약간 두르고 간장과 설탕을 넣고 볶아 그릇에 옮겨 담는다.
10 같은 팬에 밑간한 고기와 표고버섯을 각각 볶아 식혀둔다.
11 볼에 모든 재료를 넣고 섞어 버무린 뒤 덧간 재료를 넣고 버무린다.

TIP

7 당근은 볶았을 때 다른 재료와 잘 어우러져 맛이 좋다.
8 떡은 세로로 4등분하여 자른 뒤 데친다.

과일꼬치

뷔페에서 과일은 애피타이저와 디저트 역할을 합니다. 준비부터 식사까지 꽤 오랜 시간 두어야하므로 쉽게 갈변되지 않는 파인애플, 수박, 블루베리, 체리 등을 이용하면 편해요. 꼬치에 끼워 덜어가기 쉽게 연출하세요.

재료 • 3인분

키위 3개, 멜론 1개, 파인애플 1/3개, 블루베리 50g, 방울토마토 15개, 사과 약간

이렇게 만드세요

1 키위는 껍질째 가로로 5~6등분한다.
2 자른 키위는 1cm 정도 남기고 껍질을 최대한 얇게 깎은 다음 남은 껍질을 지그재그로 말아 꼬치로 고정시킨다. ••TIP
3 파인애플은 링 모양으로 잘라 6등분한다. 사과는 씻어 얇게 자른다.
4 멜론은 반으로 잘라 씨를 뺀 다음 보트 모양으로 6등분한다.
5 반으로 자른 멜론은 과육을 삼각형 모양으로 자른 뒤 사이사이에 사과를 끼운다.
6 꼬치에 블루베리, 파인애플을 차례대로 끼운 다음 방울토마토를 끼워 완성한다.
••TIP

2 키위는 껍질을 완전히 벗기지 않고 1cm 남긴 지점부터 접어 모양을 만든다.
6 방울토마토는 꼭지 부분을 살짝 잘라 평평하게 만들어 잘 세워지도록 한다.

집에서 외식하기

초판　1쇄　2014년 1월 23일
개정판 1쇄　2020년 8월 5일

지은이 | 박선희

발행인 | 이상언
제작총괄 | 이정아
편집장 | 손혜린
책임편집 | 문주미

표지 디자인 | ALL designgroup
내지 디자인 | 변바회, 김미연
사진 | 최해성(STUDIO BAY)
사진 어시스트 | 오혜숙
꽃 협찬 | 세렌디피티(www.serendipity.or.kr)

발행처 | 중앙일보플러스(주)
등록 | 2008년 1월 25일 제2014-000178호
주소 | (04517) 서울시 중구 통일로 86 4층
판매 | 1588-0950
제작 | (02) 6416-3981
홈페이지 | jbooks.joins.com
네이버 포스트 | post.naver.com/joongangbooks

ⓒ박선희, 2014~2020
ISBN 978-89-278-1135-0 13590

* 이 책은 저작권법에 따라 보호받는 저작물이므로 무단 전재와 무단 복제를 금하며 책 내용의 전부 또는
  일부를 이용하려면 반드시 저작권자와 중앙일보플러스(주)의 서면 동의를 받아야 합니다.
* 책값은 뒤표지에 있습니다.
* 잘못된 책은 구입처에서 바꿔드립니다.

중앙북스는 중앙일보플러스(주)의 단행본 출판 브랜드입니다.